A FRATERNIDADE DE ANJOS E HOMENS

A FRATERNIDADE DE ANJOS E HOMENS

GEOFFREY HODSON

Tradução, prólogo e posfácio de
Cinira Riedel de Figueiredo

EDITORA
TEOSÓFICA

The Theosophical Publishing House
Edição em inglês : 1927
Londres, Inglaterra

EDITORA TEOSÓFICA
SIG Quadra 6, Lote 1235
70.610-460 – Brasília-DF – Brasil
Tel.: (61) 98613-4909 e (61) 98613-4906 (Whatsapp)
E-mail: editorateosofica@editorateosofica.com.br
comercial@editorateosofica.com.br
Site: www.editorateosofica.com.br
Instagram: @editorateosofica

H687

A Fraternidade de Anjos e Homens / Geoffrey Hodson;
tradução: Cinira Riedel Figueiredo, Brasília, 1 ed, 2018.
Título original: The Brotherhood of Angels & of Men
ISBN: 978-857922-131-6
1. Anjos II. Riedel, Cinira de Figueiredo III Título.

CDD 235.3

Revisão: Zeneida Cereja da Silva
Capa e Diagramação: Ana Paula Cichelero
Impressão: Gráfika Papel e Cores 61 98592-6028 | 61 4141-0022 (1Reimp2025)
E-mail: comercial@grafikapapelecores.com.br

SUMÁRIO

PRÓLOGO DA TRADUTORA

Nos dias de hoje, a edição deste livro pode parecer inspirada numa utopia. Numa época como a atual, em que os homens[1] se debatem como cães famintos em busca do maior osso, em que a vida se transformou de bela em puramente utilitarista, em que a maioria da humanidade deixou para trás tudo o que se pode denominar nobreza da alma e adotou os mais absurdos conceitos de utilitarismo e servidão humanos, o aparecimento de um livro que vem nos trazer uma mensagem de anjos, provinda de esferas celestiais e transmitida por um ser humano, faz nos supor que, ao abri-lo, as pessoas se rirão da nossa ingenuidade, supondo estarmos perdidos num mundo de fantasias, imitando apenas os contos de Hans Christian Anderson para crianças, e desejosos de fazer com que o reino das fadas (hoje esquecido mesmo pela infância) se transforme em fato, o que só poderá ser aceito por tolos ou ignorantes.

Mas a vida, como toda medalha, tem duas faces – uma que se vê e outra que não se vê – e é para os que aceitam a existência da face invisível que dedicamos este trabalho. E como a vida não é qual um medalhão, fixo na parede, mas, antes, pendurada num fio, podendo oscilar ao sopro de uma simples brisa, é bem possível também que muitos dos que se encontram do lado cético, desumano e objetivo da vida, se sintam arejados pela brisa desta mensagem, que prima por sua singeleza e beleza.

1 Em todas as passagens do livro em que estiver sendo citada a palavra "homem", entenda-se como "humanidade", e/ou "homem-mulher". (N. ed. bras.)

Dissemos que esta é uma mensagem de anjos transmitida por um ser humano. Sim, por um homem tão humano como nós, lutador como nós, vivendo, como todos vivem, em meio de confusão e incoerências do mundo atual, mas além disso buscando melhores dias, de paz e prosperidade para a humanidade sofredora.

Clarividente e filho da raça anglo-saxônica (nacionalidade inglesa), ele traz em suas veias o sangue apurado da quinta sub-raça ariana, em seu apogeu; em sua mente a clareza do cientista, mas também em seu coração, a semente já germinada das qualidades que serão a característica da nova civilização já despontando, na qual predominará a faculdade da intuição.

Reunindo numa mesma personalidade as qualidades do cientista, do artista e do ocultista, de mente analítica aliada a um coração ardente, conseguiu, através de estudos e investigações feitas em hospitais onde trabalha, penetrar no reino do coração alheio, e enquanto descobria moléstias e investigava clarividentemente suas causas e consequências, atraiu a presença de seres angélicos que com ele comungaram por uma espécie de fusão de consciências, e por seu intermédio transmitiram à humanidade esta mensagem de conforto e alegria.

Foi em meio ao sofrimento humano e sentindo as limitações da Ciência para minorá-los, que sua alma se abriu e ouviu a mensagem de esclarecimentos e esperanças dos anjos. Para um homem dedicado e de mente científica como o Senhor Hodson, a dor humana tinha um significado muito maior do que a simples análise dos fatos ou a cura da moléstia. Ele desejava saber o porquê ou a origem das doenças, e embora as leis do *karma* muitas vezes lhe esclarecessem as suas causas e razão de ser, seu coração se sentia pungido e sua alma se abria qual uma flor de lótus, em busca de lenitivos para a dor humana.

Estudioso das leis espirituais que regem os destinos dos seres humanos, conseguiu, por métodos naturais, desvendar o mistério que envolvia em nuvens lendárias a existência dos anjos, e atraí-los para colaborarem com ele em seu sagrado mister. E desde que os viu e sentiu pela primeira vez, jamais os abandonou nem foi por eles abandonado.

Começou então sua gloriosa missão de autêntico ocultista. Em contato direto com as várias coortes angélicas, sempre solícitas para ajudar as criaturas humanas, sua missao se propagou através de numerosas obras de sua autoria, todas explícitas e instrutivas, ensinando aos homens as leis práticas pelas quais poderá a humanidade se desvencilhar de seus sofrimentos e pôr-se mais em contato com a sua Alma e comungar com o seu verdadeiro Eu. Quem tiver a ventura de estudá-lo, sentirá seu ser abrir-se para uma nova concepção da vida e penetrará num novo mundo de harmonia, simplicidade e amor.

As obras de Geoffrey Hodson desvendam o passado e o futuro, ligam o Céu à Terra. Nelas encontramos, além de conhecimentos científicos e sentimentos religiosos na sua mais elevada expressão, a simplicidade da alma do apóstolo servidor de Algo transcendente, vivendo e atuando num mundo a debater-se entre velhos hábitos e conhecimentos limitados por dogmas e preconceitos, e uma nova mentalidade que surge rasgando o véu do passado e frequentemente irreverente para o que ali foi bom e útil.

A nova civilização surge como um temporal que faz escurecer o sol e nos ameaça com seus trovões. E a humanidade, amedrontada, ou curva-se diante do que é velho e já passou, ou rebela-se desassombradamente enfrentando o temporal, molhando-se e caindo muitas vezes exausta por sua afoiteza e imprudência.

Esquecida das grandes religiões trazidas pelos sábios do passado, em lugar de estudá-las e tirar delas proveito para o mundo presente, a geração de agora, materialista, divorciou-se de sua essência mais elevada, a alma, aquela que outrora comungou com os anjos. E estes anjos, habitantes no seu próprio mundo, esperam que novas mentalidades semelhantes à do Senhor Hodson os compreendam e os apresentem à humanidade como seres que vivem ao nosso lado e estão ansiosos por nos auxiliar.

É antiquíssima a ideia da existência dos anjos. Tem sido ensinada desde as civilizações mais remotas por todas as grandes religiões: Hinduísmo, Budismo, Mazdeísmo, Judaísmo, Cristianismo, Islamismo, etc... Todas elas os têm apresentado como agentes da Divindade e poderosos auxiliares da evolução humana. Conquanto cada religião lhes dê uma denominação e especificação próprias, e os apresente sob várias formas, todas elas sustentam a mesma ideia de que os anjos são seres viventes nos mundos superiores e se distribuem, como nós, os humanos, em vários graus evolutivos, formando uma verdadeira Hierarquia.

No Mazdeísmo, Judaísmo, Cristianismo, Islamismo[2], o nome de "anjos" foi dado a seres super-humanos, servidores e men-

2 No Hinduísmo são os Devas e Mahadevas, distribuídos em 33 grupos com cerca de 330 milhões; no Mazdeísmo são os Devas ou deuses de diversas categorias, presididas pelos seis Amesha Spentas; na Cabala, os dez Sephiroth, presidentes das legiões de gênios; entre

sageiros de Deus. Os fariseus e saduceus, na época de Cristo, se apaixonaram pelo problema, e enquanto os primeiros afirmavam a sua existência, os segundos a negavam. Foram também motivo de arte de todos os povos. Em sua representação folclórica, os árabes os apresentavam como ginetes alados, e os cristãos os mostram como criaturas aladas, de grande beleza.

A ideia do anjo da guarda está contida em todas as religiões. Na angeologia cristã, o anjo custódio é encarregado de velar por uma alma humana em particular, defendendo-a nesta vida, guiando-a para o céu depois da morte e intercedendo por ela junto a Deus. Os católicos afirmam que na hora do batismo a criança recebe um anjo custódio, ou protetor. Segundo o Bispo Leadbeater, grande clarividente, isto se dá porque no ato do batismo se constrói uma nova forma-pensamento ou elemental artificial. Essa forma-pensamento se enche de energia divina e a ela se incorpora um espírito da natureza de categoria superior, chamado silfo, que permanece ao lado da criança, protegendo-a. Pelo fato de prestar esses serviços, o anjo da guarda se individualiza e se torna um Arcanjo Serafim diante do trono de Deus. Também as antigas civilizações egípcia, grega e romana alimentaram o culto aos anjos tutelares. Há os tutelares nacionais, regionais e locais.

Infelizmente, os anjos não são aceitos só pela seita protestante, conquanto a Bíblia os mencione em numerosas passagens. Por isso, a frieza de seu ritual não é um meio muito apropriado para

---

os judeus são os Elohim, presidentes das Hierarquias de Anjos e Arcanjos; no Islamismo são os Jinns, Anjos e Arcanjos; no Cristianismo são as nove Ordens ou Coroas angélicas (Serafins, Querubins, Tronos, Dominações, Virtudes, Potestades, Principados, Arcanjos e Anjos), cada qual presidida por um poderoso Arcanjo (S. Miguel, S. Rafael, S. Gabriel, etc). (N. ed. bras.)

canalizar as energias angélicas; no entanto, mesmo assim os anjos, quando podem (e mesmo não raro são invocados), se aproveitam dos puros de coração para derramar sua bênção e sua força nas congregações. Seus hinos são como que ímãs, e quando vibram intensa e harmoniosamente, os puros evocam instintivamente legiões angélicas, ainda quando não creiam em sua existência.

A evolução dos anjos constitui uma linha paralela à humana, com a diferença de que os primeiros não possuem corpos físicos; mas no fim da evolução ambas as linhas se encontrarão e unificarão no mesmo plano cósmico. Se a evolução humana e a angélica seguem o mesmo ritmo ascensional, é lógico que ambas são irmãs e que o crescimento de uma enseja naturalmente a possibilidade de crescimento da outra.

Todo ocultista conhece praticamente a relação íntima existente entre estas duas correntes de evolução, uma dando à outra o que ela necessita, e que, se o ser humano se individualiza no mundo físico, os anjos o fazem no mundo astral. Anteriormente à individualização de ambos, a vida dos dois ramos, o humano e o angélico, está confinada ao plano físico. Até o reino mineral as mônadas involuem, vivificando as formas. Do reino vegetal em diante é que se inicia realmente a evolução. Duas correntes aparecem então distintas uma da outra, porém sempre paralelas. Uma é a evolução humana; a outra é a evolução dos anjos para os ocidentais e dos devas para os orientais.

O ocultista também sabe do enorme auxílio prestado pelos seres angélicos à evolução humana. O fato de os anjos não possuírem corpos físicos, coloca-os numa posição superior à nossa, sob o ponto de vista da pureza. A matéria astral, por grosseira que seja em relação aos planos mais sutis da natureza, é sempre muito mais delicada do que a matéria física. A diferença entre o corpo físico e o astral é enorme. As limitações físicas escravizam a alma de tal maneira que somente com o auxílio dos anjos ela poderá se libertar.

Da mesma forma, os anjos evoluem pelo serviço prestado à raça humana. A sabedoria da lei pôs em contato estas duas correntes de evolução, e elas devem seguir caminhos paralelos e independentes, porém com intercâmbio de ajuda para a finalidade de sua evolução.

Quanto mais o ser humano purifica sua matéria, mais eleva seus sentimentos e pensamentos, vivendo mais da alma do que do corpo, maior é a sua possibilidade de receber auxílio dos devas. Aos Anjos é difícil aproximarem-se da Terra, porque a humanidade está por demais materializada. Ela fechou as portas ao auxílio angélico, permitindo sua presença apenas por meio dos rituais, arte e pessoas que, em sua vida interior, intensificam os poderes de sua alma e anulam as fraquezas da carne.

A presença dos anjos não exige ascetas. Pode existir mesmo nas cidades em meio das multidões, porém, isto quando as multidões lutam pela igualdade e fraternidade e se concentram no trabalho para melhorar e purificar o ser humano.

Como todo indivíduo, cada nação e cidade tem seu anjo tutelar. Ele deseja unir os seres humanos em torno de um ideal comum. Quando as pessoas se reúnem estudando com fins elevados, mentalizando formas de governo mais adequadas à época e transformando as coletividades em verdadeiros centros de cultura e trabalho, onde elas se auxiliam mutuamente em vez de se agredirem;

quando, nas escolas, o estudo for para a criança um desenvolvimento mental integral, suave, aliado ao prazer e à alegria de viver, e não um entorpecente para as suas mentes em formação ou uma indigestão intelectual como ainda acontece; quando a instrução for prática e a arte fizer parte de sua educação; quando se lhes incutir o espírito de cooperação e não o de competição, certamente, em meio deste agrupamento, os anjos estarão presentes. Eles se afastam quando os homens se reúnem para agressividades pessoais ou para estabelecer planos de guerra, ou idealizar métodos que prejudiquem o desenvolvimento normal e natural da raça humana.

O anjo tutelar está sempre ansioso por servir sua nação ou cidade. Aproveita-se da presença daqueles que são puros para inspirar-lhes ideias mais consentâneas com as diretrizes que serão seguidas pelos filhos da nova raça, que já se desponta e na qual haverá maiores possibilidades de servir e conviver com os humanos.

É pelo serviço altruísta que os anjos aceleram a sua própria evolução. Eles comungam com o Eu imortal que reside em nós. Cada indivíduo traz um anjo em si, e faz-se mister que o Eu eterno e imortal em nós, em comunhão com os anjos, realize o magnífico trabalho de preparar o mundo para o recebimento da nova mensagem de esperança e fé. Esperança de ver os seres humanos mais libertos das falhas de suas personalidades mortais e perecíveis, e fé ou certeza de que a nova civilização poderá comungar com os deuses ou os anjos, como já o fez outrora, quando a humanidade vivia de maneira mais simples e mais compatível com as leis naturais.

Atualmente, com o progresso da Ciência e a atuação fria da mente concreta que cria problemas e separa os seres humanos, as atividades dos anjos passam desapercebidas para estes, porém eles continuam vivendo ao nosso lado. Embora ignorados e desconhecidos, sua vibração atinge a criança na sua ingenuidade, os simples de pensamento, e os que, fiéis ao seu Eu Superior, tocaram a vida como um meio de aperfeiçoamento, amando cada vez mais.

Eles têm sido vistos por crianças inocentes, por mães em sua devoção aos filhos, pelos crentes que lhes depositam a sua confiança e sua fé, e pelos que sofrem e os invocam em suas agonias. E embora, frequentemente, estes suponham ser uma simples visão criada pela imaginação, são de fato eles, os anjos, que ali estão presentes, buscando meios para se tornarem úteis.

O motivo que leva os anjos a se interessarem tanto pelos seres humanos é que de seu auxílio depende a elevação moral da humanidade, pondo-a em condições de acelerar o seu *karma*. Sem dúvida nos achamos no final de um ciclo, e a humanidade se encontra numa fase de transição em sua marcha evolutiva; e se os anjos são os colaboradores na formação de nossos corpos físicos, certamente a eles cabe a missão de nos auxiliar nesse momento.

Estamos na linha divisória de duas épocas, uma no seu ocaso e a outra em sua aurora. Participamos de ambas e não pertencemos a nenhuma. Esta é a razão das incoerências de nossa civilização, dos desequilíbrios individuais e coletivos que a todos atingem. Todas as religiões falam do despertar de uma nova era, do aparecimento de um Messias, e a própria Ciência o confirma. Os astrólogos esperaram pela era de Aquário, época em que o MUNDO será a nossa pátria.

Segundo as palavras de Kans Kuendel, "MUNDO significará para as pessoas do futuro, não mais como para nós, a Terra com seus países, mares, rios e florestas; os limites do mundo irão até às profundezas da Via-Láctea, e será dito, num sentido completamente novo: o mundo é a nossa pátria". E nós vemos desde já a Ciência invadindo o espaço e quase estabelecendo comunicação entre os vários mundos.

Quem nos dirá que ao alvorecer o terceiro milênio não estaremos viajando de um mundo para o outro, com as mesmas facilidades com que hoje cortamos o espaço para visitar nossos irmãos habitantes de outros continentes. As descobertas da Ciência e as profecias religiosas são provas de que se aproxima a hora em que os mistérios de outros mundos poderão ser desvendados... Mas é imprescindível que a evolução moral do ser humano acompanhe este progresso. Ai de nós, se estas coisas acontecerem com os homens em guerras e agressões! Então, a nova civilização surgirá somente após um novo dilúvio universal.

Mas os anjos estão presentes. Eles trabalham ativamente ao lado de cada planta em crescimento, embelezando-lhe a forma. Alegram as crianças, protegem os doentes e inspiram os poetas. Derramam forças oriundas de regiões mais elevadas, influindo nos pensamentos dos seres humanos para o Bem, o Belo e o Verdadeiro. Como não tiveram corpos físicos, eles não sofrem a influência da matéria de nossa Terra. Não são feridos pelos males do mundo, que existem em todas as nações. São atraídos pelos pensamentos bons dos homens do Oriente ou do Ocidente, sem que façam a mínima distinção.

O anjo tutelar de uma nação interfere nos pensamentos de seus dirigentes, tanto mais quanto estes agirem impessoalmente e com espírito de solidariedade humana. Aproveitam-se do ritual da própria natureza, do canto dos pássaros, do farfalhar das folhas, do desabrochar das flores, do murmúrio dos riachos, e ali derramam suas energias. Quando o homem se aproxima da natureza, eles o envolvem com seu amor. Um país cultor da arte e da beleza é um centro de atração dos anjos. Um povo fraternal atrai sua atenção. Uma cidade em competição afasta-os, mas um ser humano pleno de amor e de bondade serve-lhes de mediador para o seu trabalho.

Filósofos como Pitágoras, Sócrates, Platão e da Escola Neoplatônica de Alexandria também os admitiram, e ensinaram a seus discípulos a Teurgia, isto é, a comunicação com os anjos e espíritos planetários. A primeira escola de Teurgia prática, no período cristão, foi fundada por Jâmblico nos templos do Egito, Assíria, Babilônia e Grécia, e cujo ofício era invocar os deuses (anjos) na celebração dos Mistérios. Eram chamados teurgos. O teurgo era o hierofante, o conhecedor da ciência esotérica de todos os grandes países. Também foram teurgos alguns neoplatônicos, alexandrinos, porque praticavam a "magia cerimonial" e invocavam os deuses.

Os anjos foram também aceitos pelos antigos cabalistas rosa-cruzes, ocultistas e pelos antigos e modernos teósofos. Na moderna Teosofia, os anjos são conhecidos também pelo nome de devas. Eles constituem, como já foi dito, uma linha de evolução paralela à humana. Sua missão atual se reveste de maior responsabilidade, devido ao grande número de nascimentos de crianças que trazem as características da nova raça. Estas crianças, dotadas de muita sensibilidade, são mais intuitivas que analíticas, mais práticas do que teóricas. A faculdade da intuição as aproximará do mundo da arte e da beleza, e as porá mais em contato com o reino angélico. Mas, como são demasiado sensíveis e mesmo psíquicas, a responsabilidade de seu anjo guardião aumenta, e mesmo dos anjos em geral, pois elas podem ser vítimas de influências nefastas, da intromissão de elementais de ordem inferior, ou mesmo de entidades astrais que as levem a grandes perdas de energias físicas e psíquicas.

Os anjos do lar pedem, junto às criancinhas, canções suaves, palavras doces e agradáveis, presença de flores que deem graça e frescor ao ambiente que as rodeia. Eles envolvem as mães mesmo antes do nascimento do bebê, acompanham-na na hora do parto, inspiram-na, assistem-na e não raro aparecem quando elas os invocam. As danças modernas, com seus ritmos cheios de volúpia, as palavras ásperas, as atitudes de falta de cortesia, o exagero das modas, e as excessivas preocupações mentais da juventude têm sido empecilhos à sua ajuda. Mas o senso artístico e o espírito de beleza, o sentido de caridade e sacrifício têm também atraído para a Terra maior número de seres angélicos. Os fiéis que estudam suas religiões e procuram viver o espírito que as vivifica estão prestando imenso serviço às hostes angélicas, e por elas são por sua vez auxiliados. Os que buscam compreender e sentir o valor do ritual e comungar com o sacerdote na sua oração servem de veículo às forças divinas emanadas através dos anjos.

Segundo a filosofia esotérica, tanto quanto os seres humanos, os anjos provêm de Deus e para Ele se encaminham por seu autoaperfeiçoamento. Eis por que, a nosso ver, a leitura deste livro poderá esclarecer os esoteristas sobre a vida e missão dos anjos, tão ligados como estão à raça humana. Grande número de ensinamentos ocultos foram fornecidos ao Senhor Leadbeater por meio de um Anjo habitante de Adyar, Índia. Conta-nos ele em sua obra *A Vida Interna*[3] que, em certas ocasiões, quando um assunto estava sendo

3 LEADBEATER, C. W. *A Vida Interna*: Brasília: Teosófica, 1996. (N. ed. bras.)

mal compreendido pelos estudiosos ali presentes, este Anjo aparecia e lhes dava explicações mais simples e mais claras. É certo que a mente humana tendente a analisar tornava o assunto mais difícil, e a linguagem angélica facilitava a sua compreensão.

O Sr. Hodson apresentou ao mundo os melhores e maiores ensinamentos esotéricos num estilo acessível às mentes mais rudimentares, mercê de sua ligação tão direta com os seres angélicos. Fiel mensageiro dos Anjos, dotado de mente científica e ocultista, não deixa sua própria imaginação interferir nessas mensagens. Também seu senso artístico e coração sensível servem de receptáculo aos pensamentos e sentimentos dos devas, que, como raios de sol, penetram fulgurantes em sua alma.

Em seu livro *O Reino dos Deuses*, o Sr. Hodson descreve os vários devas ou anjos por ele vistos nos vales e nas montanhas. Cada um tem sua característica especial. Apresentam, no centro, uma forma similar à humana, embora muito mais bela e fluídica. Sua aura é gigantesca e inconfundível com a aura humana. São verdadeiros seres alados, e a variedade de tonalidade de suas asas flutuantes dá a impressão de estarem voando.

Há poucos anos, uma grande ocultista, em visita ao nosso país, viu o Deva do Brasil, que a saudou. Disse ela ser um Anjo de aparência feminina, de grande beleza e imenso poder. Esta particularidade pode bem explicar o fato de os brasileiros terem Nossa Senhora como a patrona de sua pátria.

Ensina a filosofia esotérica que, quando o ser humano alcança a Quinta Iniciação (Adepto), abrem-se lhe sete caminhos à sua escolha, para servir a humanidade. Um deles é a linha angélica, e diz-se que Nossa Senhora, Mãe de Jesus, adotou este caminho, e é atualmente um Grande Ser, um Anjo de poderes extraordinários, chamada a Rainha dos Anjos e dos Homens. Todo culto a Nossa Senhora, a Mãe do Mundo, atinge Sua aura e recebe uma resposta, se não por Ela mesma, através de numerosas coortes de anjos que estão sob a Sua direção.

Nossa Senhora está presentemente preocupada com a situação das mulheres em todo o mundo. Trabalha também pela maternidade humana, pois, do ponto de vista espiritual, uma das sagradas tarefas da mulher é a maternidade em sua mais nobre acepção, para que possam encarnar-se Egos ou Almas em condições de formar uma raça nova e de alto padrão espiritual. Muitos desses Egos aguardam apenas por um ambiente digno e conveniente às suas novas encarnações.

Com o lento mas incessante progresso espiritual da humanidade estão sendo agora progressivamente revelados para benefício do mundo os antigos ensinamentos sobre a existência e atuação dos anjos, o que significa diminuir a distância entre o Céu e a Terra. Se a humanidade corresponder a esta propiciação de conhecimentos, no futuro, anjos e homens poderão confundir-se neste planeta, e haverá uma perfeita comunhão da vida humana com a divina.

Se existem longos períodos em que a comunhão entre anjos e humanos não pode se realizar, devido aos erros da parte dos humanos, também têm existido períodos da história em que ambos viveram quase que numa comunhão de consciências. Na formação da quinta Raça, a Ariana, quando os grandes *Rishis*, de que fala a sagrada e milenar literatura hindu, objetivavam construir corpos adequados para o aparecimento da então nova Raça, nas longínquas plagas do Oriente, a comunhão entre os anjos e os homens era contínua e familiar.

Com o decorrer dos séculos e a ramificação da Raça em sub-raças – cada uma destas tendo a finalidade específica de desenvolver uma característica especial – a comunhão foi diminuindo até que, com o desenvolvimento da quinta sub-raça da Raça Ariana, que tem por característica a atividade da mente concreta, esta se materializou, e a ideia dos anjos desapareceu quase completamente. Hoje ainda existe a sua tradição nas religiões, porém sem mais aquela ligação e compreensão mútuas do seu período áureo.

A ideia popular sobre os anjos não passa hoje de uma alegoria, e muito mal interpretada pelas seitas religiosas. Mas os anjos não desejam tornar-se simples quimeras, fantasias brincando nas cabeças das criancinhas, e sim, desejam e querem estar ao lado delas, servi-las, ser úteis à humanidade, como colaboradores de Deus na grandiosa Obra de Sua Criação. Tudo isso e muito mais poderá e deverá ser feito neste fim de século, se os estudiosos de todos os coloridos filosóficos e religiosos levarem a sério a palavra "esoterismo" e não mais fizerem dela um termo erudito para figurar em seus dicionários.

É indispensável que cada religioso saiba que religião não é simples formalismo, nem obrigações rotineiras. Implica algo muito mais profundo. Significa que o homem deve se ligar a Deus e comungar com Ele diretamente, sem interferência de seus veículos inferiores, isto é, de sua personalidade mortal. O verdadeiro religioso é um esoterista, qualquer que seja a sua religião, desde que não faça da religião uma simples tradição, mas consiga imantar toda a sua vida da Graça Divina.

Dia chegará em que os seres humanos de todas as pátrias se entenderão, e em que suas mentes religiosas, isto é, ligadas mais a Deus do que aos seus próprios poderes repletos de vaidade, se transformarão em caminhos abertos para a descida destes Seres celestiais que comungarão com os seres humanos em Espírito e Verdade. Isto foi dito por Jesus há dois mil anos: "Voltarei em Espírito e Verdade". E em Espírito e Verdade Ele voltará, rodeado de Seus Anjos, os Seus servidores leais.

A vida humana está sepulta em trevas criadas pela mente orgulhosa que, devido ao progresso da Ciência materialista, sepultou a humanidade nas trevas da ignorância da vida espiritual. Mas os "tempos são chegados"; um novo sol rompe os horizontes de nosso mundo, e em breve poderemos dizer com Hans Kuendel: "O nosso Mundo não é a nossa Terra, com seus mares e florestas; o nosso MUNDO é todo esse Universo adornado de estrelas luminosas". Então, não mais apenas poderemos contemplá-las, mas nelas penetrar e descobrir seus mistérios.

Que todos leiam com atenção e simpatia este pequeno livro, mesmo que para alguns não passe de uma simples ficção. Em qualquer caso, os leitores se porão em contato espiritual com as Potestades Angélicas e a Mente Divina. Então estabelecerão uma ponte com o Reino da Verdade visionado por seu iluminado autor, pelo qual poderão, ao menos por alguns momentos, ascender deste tormentoso mundo ilusório para o Mundo da Realidade, e ali haurir de seu néctar a Paz e Felicidade eternas.

Tais são as nossas aspirações, e o motivo que inspirou sua tradução e publicação.

CINIRA RIEDEL DE FIGUEIREDO

APRESENTAÇÃO

Pediram-me a apresentação deste livro a um mundo cético, em que, no entanto, todas as religiões e todas as criaturas afirmam o fato da existência dos Anjos e de suas ocasionais aparições entre as pessoas.

Neste período da evolução, encontramo-nos sob a influência de uma força natural, que pouco a pouco predominará em todos os departamentos da natureza. É a força que trabalha em prol da cooperação entre os anjos e a humanidade, e estimula a construção de pontes que permitam às duas grandes raças, a humana e angélica, combinarem-se para um bem mútuo. Estas pontes são as cerimônias ritualísticas, nas religiões e na francomaçonaria, porque são utilizadas nos mundos espirituais superiores, através de todos os mundos, desde o super-humano e o humano até o inferior de todos os sub-humanos.

Não fiz, como o Senhor Geoffrey Hodson, um estudo profundo do assunto, porém suas observações concordam com os numerosos detalhes dos livros hindus e com meus conhecimentos gerais a respeito, obtidos em minhas viagens por diferentes países, e em leituras. Na Hungria, por exemplo, os elementais da terra pareciam especialmente ativos, graciosas criaturas, verdadeiros gnomos totalmente diferentes das esplendorosas hostes de Kubera, na Índia, embora ambas se liguem ao reino mineral.

Este livro interessa especialmente nas sugestões que são dadas pelos anjos sobre a maneira de se chegar até eles e sobre uma cooperação recíproca, e provavelmente existem muitos que estão dispostos a trabalhar pela "Fraternidade de Anjos e Homens".

ANNIE BESANT

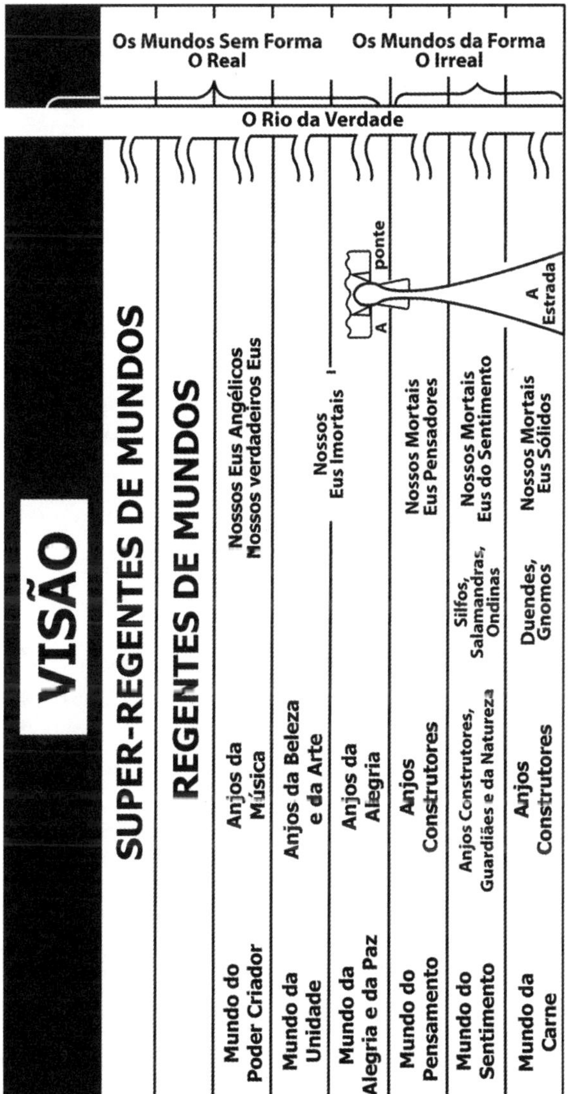

O UNIVERSO SEGUNDO A DESCRIÇÃO DO ANJO

PREFÁCIO

Não ignoro que muitas pessoas, ao lerem este livro pela primeira vez, se sentirão incapazes e mesmo pouco inclinadas a crer na existência dos anjos como seres reais e tangíveis, ou na possibilidade de se comunicarem com eles. Ao público do cético século vinte estas crenças poderão parecer fantásticas; no entanto, mesmo contando com esta atitude mental e com a justa visão de que tal ceticismo é perfeitamente natural, apenas devo pedir paciência ao leitor. Creio que esta obra tem algum valor para ele; algo que iluminará e enriquecerá sua mente se, ao menos, lhe interessam profundos problemas da vida e trata de compreendê-los.

Creio sinceramente que no passado houve uma estreita colaboração entre anjos e homens; que os anjos cooperaram com os homens na criação de grandes civilizações; que estão além da visão do historiador, e que como a história se repete sempre, não está longe a hora de se restabelecerem esta comunicação e cooperação. As informações por mim dadas nas páginas que seguem, eu as recebi durante dias sucessivos numas férias recentes, em que visitei um recôndito vale inglês.

Aqui está a primeira parte dos ensinamentos, que continuam sempre que posso fugir de meus trabalhos em Londres para a paz e quietude que são essenciais à sua recepção.

Este método de ensino nada tem a ver com a mediunidade, escrita automática ou transe. Enquanto recebo estas comunicações, meu corpo se encontra plenamente desperto, e reproduzo no estilo mais acessível de que sou capaz, a animada troca de ideias entre nós, num nível onde a consciência funciona livre das limitações da mente e do corpo. Convém lembrar que não é coisa rara a faculdade de vigília em níveis superiores da consciência humana; a única novidade consiste na transladação dos resultados desta comunicação para o cérebro físico.

Durante muitos anos me esforcei, por meio de autotreinamento e meditação, em desenvolver certas faculdades naturais de clarividência, e este desenvolvimento responde pela medida da habilidade que adquiri. Devo esta explicação aos interessados neste assunto, mas não a dou para antecipar uma indicação do valor do assunto exposto neste livro: esse há de suster-se ou cair por seus próprios méritos.

Peço aos meus leitores que o julguem por sua valia para eles, e por nada mais, e que se lembrem sempre de que nossa percepção da verdade depende de nossa habilidade para vibrar em uníssono com a sua expressão. Haverá muitos para quem o livro em seu primeiro contato terá o sabor de uma mera fantasia. Contudo, se aqueles que assim o encaram se esforçarem por despertar a sua consciência superior por meio da meditação e vida disciplinada, muitos notarão dentro em pouco que onde suspeitavam impostura descobrem verdade, e onde supunham visões fantásticas há vislumbres de estados de consciência que se lhes tornaram subitamente perceptíveis. Daqui advirá sua recompensa e minha justificação.

GEOFFREY HODSON
Fevereiro de 1927

CAPÍTULO I

A FRATERNIDADE

O ideal desta fraternidade é conduzir os anjos e os homens, dois ramos da infinita família de Deus, a uma estreita cooperação. A visão principal desta cooperação é a exaltação da raça humana.

Para este fim, os anjos, por sua parte, se encontram dispostos a participar tão estreitamente quanto possível de todos os departamentos da vida humana e de todas as atividades humanas que visem à cooperação.

Os membros da raça humana que abrirem de par em par seus corações e mentes aos habitantes da outra esfera terão uma resposta imediata e uma convicção cada dia maior de sua realidade.

Os anjos não impõem condições, restrições nem limites às atividades e aos desenvolvimentos resultantes da cooperação; porém supõem existir seres humanos que os invocam para obter proveitos pessoais e materiais. Querem que se aceite como divisa a Fraternidade e sua aplicação prática na vida humana em todos os seus aspectos.

Requerem dos que desejam invocar sua presença a concentração de todas as suas faculdades no desenvolvimento das qualidades de:

Pureza,
Simplicidade,
Retidão e Impessoalidade,

bem como na aquisição do conhecimento do Grande Plano[4] pelo qual componentes espiritual, intelectual e material, tanto do ser humano como do universo, mantêm a ordenada marcha do progresso evolutivo. Por isso, a base fundamental de toda a atividade humana serão os ensinos e as doutrinas daquela Sabedoria Antiga que reinou sempre de maneira suprema, sob a influência direta dos conselhos dos anjos.

As seções especiais da hoste angélica com as quais a cooperação pode ser imediatamente prática e benéfica são:

1 – Os Anjos do Poder,
2 – Os Anjos da Cura,
3 – Os Anjos Guardiães do Lar,
4 – Os Anjos Construtores da Forma,
que incorporam sempre ideias arquetípicas,
5 – Os Anjos da Natureza,
6 – Os Anjos da Música e
7 – Os Anjos da Beleza e da Arte

1 – OS ANJOS DO PODER

Os Anjos do Poder ensinarão aos homens a libertarem os níveis mais profundos da energia espiritual que lateja dentro de-

4 A Fraternidade dos Anjos. (N.ed. bras.)

les, e saturarão, informarão, inspirarão e carregarão toda atividade humana com aquela energia ardente e irresistível que é a sua nota caraterística mais proeminente. Na atualidade, eles encontram no cerimonial o meio natural para as suas dádivas e para o seu desejo de ajudar os seus irmãos humanos. O cerimonial lhes atrai sempre a atenção, e corretamente executado, provê um canal para trânsito de suas forças. Estão presentes em toda cerimônia religiosa, participando dela segundo a sua medida de capacidade no grau que a própria cerimônia permite. Podem agir com maior poder se é receptiva a atitude mental dos oficiantes e participantes.

2 - OS ANJOS DA ARTE CURATIVA

Os Anjos da Saúde, sob a direção do Arcanjo Rafael, repletos de amor para com os seus irmãos humanos, prosseguem continuamente sua obra. Sua presença nas camas dos enfermos é uma realidade, embora as mentes e os corações da maioria dos que a eles devem sua saúde estejam fechados contra eles. Muitos dos que sofrem e têm sofrido os conhecem bem. Permanecem aos milhares nos umbrais espirituais e mentais dos aposentos dos enfermos, no hospital ou em casa, prontos para entrar. Poucos, porém, são os que têm conseguido entrar até agora, devido às inquebrantáveis barreiras levantadas frequentemente pelas mentes humanas. Se as rompessem, a despeito da oposição, a preciosa saúde que levam em suas mãos estendidas seria perdida e dissipada no esforço empregado para vencer a resistência.

3 - OS ANJOS GUARDIÃES DO LAR

Os Anjos guardiães gostam da vida doméstica; deleitam-se participando das horas de trabalho e de repouso; eles amam as crianças e suas brincadeiras, e gozam na atmosfera feliz do lar. Cuidam de proteger os lares humanos, mantendo-os livres do perigo, contendas, ignorância e enfermidade. Ouvem as orações das crianças todas as noites e as levam ao Senhor, e vivificam todo pensamento de amor humano, aumentando algo do seu amor e vida. Muitas vezes conduzem o pensamento à sua missão, e o restituem iluminado e aumentado no coração do receptor. Atendem o ancião e o enfermo. Estão sempre prontos para proteger de todo o mal. Aproximam-se felizes de todos cujos corações e lares estão abertos, trazendo-lhes muitas bênçãos do alto, bênçãos de harmonia e amor.

4 - OS ANJOS CONSTRUTORES

Os Anjos Construtores guiam o crescimento em todos os mundos, e amoldando-os à Lei esforçam-se por melhorá-los e inspirá-los. Toda chispa imortal que nasce no mundo do pensamento, do sentimento e da carne e, crescendo, chega a ser humano, deve todos os seus veículos ou corpos aos Anjos Construtores; e o mesmo acontece com toda a gema, toda planta, todo animal, todo globo e todo universo. Classificados em graduação, estes construtores trabalham, cada um em seu nível, construindo; os inferiores, as gemas, e os superiores, os mundos. Há os que constroem as formas externas dos anjos e homens. O desconhecimento de sua presença e ajuda tem feito do parto, nos últimos tempos, um período de agonia ou morte. Quando os humanos invocarem seu auxílio, ensinarão a raça humana a dar à luz a espécie com alegria; verão que o grande sacrifício já não será desfigurado com o medo e gritos de agonia e dor.

Estes anjos, que fabricam o corpo humano, têm como Rainha um Ser que se libertou do peso da carne e ascendeu para unir-se às hostes angélicas. Ela está sempre trabalhando pela causa da maternidade humana, e agora mesmo está dirigindo toda a sua enorme força e a de Sua Corte Angélica para o trabalho de enaltecer a maternidade em todo o mundo. Por meio de seus mensageiros angélicos, Ela está presente em todo nascimento humano; invisível e ignorada, é verdade, porém bastará que os seres humanos abram seus olhos para que se lhes revele.

Ela envia esta mensagem aos seres humanos por meio da Fraternidade:

“Em nome d'Aquele a Quem há muito tempo dei à luz, venho em vosso auxílio. Tomei toda mulher em meu coração para manter nele parte dela e por seu meio ajudá-la em sua hora de necessidade.

“Enlaçai as mulheres de vossa raça até que todas pareçam rainhas; e para com estas rainhas porte-se todo homem como um rei, para que se honrem mutuamente e vejam a realeza dos demais.

Faça-se de todo lar, por pequeno que seja, uma corte; de todo filho um cavalheiro; de toda criança um pajem. Que todos se tratem com cortesia, honrando em cada um sua origem real, sua régia estirpe, porque há sangue real em todo homem; todos são filhos do REI.”

5 - OS ANJOS DA NATUREZA

Os Anjos da Natureza estão extensamente espalhados, e cada um habita e trabalha em seu próprio elemento. Escalonam-se desde os duendes, os gnomos e as fadas, passando pelas ondinas e silfos, até os espíritos do fogo. Os anjos da natureza encontram-se em toda parte rondando residências humanas, em árvores, flores, pedras, nuvens, animando todas as formas.

O crescimento de cereais, frutas e flores estão sob sua inspeção. São os que produzem os terremotos, as tempestades e inundações, quando os homens os provocam com seu gênero de vida. Se os homens invocassem seu auxílio, aprenderiam a dominar todos os caprichos e operações da natureza. O clima e as mudanças da atmosfera correspondem à lei; as salamandras, as ondinas e os silfos das tempestades nada mais são de que agentes da lei.

6 - OS ANJOS DA MÚSICA

Se quiserdes apelar para os deuses da Música, tendes que vos elevar até os níveis do Eu, em que a energia e o poder criativos se encontram entesourados, porque os Anjos da Música nada mais são do que incorporações do Verbo criativo de Deus, expressões de Sua voz. Quando Ele fala, um potente estalo de canto explode dos corações angélicos, e esparge sua ressonância por todas as graduadas ordens de sua raça.

Cantam em miríades em resposta à Palavra de Deus, e seus sons se assemelham a um milhão de harpas tocadas por mãos imortais; suas vozes, como ondas do mar. Do centro do Universo, qual uma imensa muralha, sai um canto em ondas de glória ao responderem por ordem ao Verbo; emitem seus coros até os confins do Universo.

Jamais cessa a criação. Sua voz se ouve constantemente; a Voz d'Aquele que, tendo as visões do espaço extrauniversal, das ideações cósmicas, fala, revelando Sua visão; e revelando-a, exterioriza-a e cria forma dentro do Seu Universo. À Sua Voz, os Anjos da Música soltam Seus Lábios para ser agentes do poder do Som; todo o mundo dos poderes criativos se enche da harmonia de Sua Voz, e os Anjos são para ele como harpas, como gloriosos instrumentos afinados que respondem à Sua Vontade. Quando cantam, resplandecem com a cor de seu canto. Vivem em mundos de Luz e Som; são a expressão das cores e cantos cósmicos dentro dos limites de um universo.

Nosso Logos é uma lente através da qual passa a luz de milhares de universos para o Seu próprio universo; é um imenso tubo de órgão na mão do Absoluto. Todos os Logos de todos os universos respondem ao teclado cósmico que toca. Assim nascem a Cor e o Som. São portentosos gêmeos, e entram nas limitações do tempo e espaço terrestres.

Todo anjo e todo homem, em seu verdadeiro eu, resplandecem com esta maravilhosa luz; respondem ao Canto Divino; conhecem bem os tons da Voz Criativa. O verdadeiro eu do homem é lente e tubo de órgãos em miniatura; ao cantar e brilhar em resposta à Voz de Deus, reproduz em seu grau, porém com exatidão, todo tom e microtom de Sua Voz, toda nuança de espectro de Sua Luz. Os esplendores daquele policromo mundo descem até o eu inferior, e ali adejam para que mesmo o eu mais ínfimo possa ouvi-los.

A missão dos Anjos da Música é fazer descer esta irradiação de milhões de prismas, este marulhar de milhões de mundos, até os ouvidos dos homens, lá embaixo, nos externos mundos materiais, para que até as árvores e as plantas e as toupeiras sob a terra possam ouvir a Voz de Deus, e ouvindo-a, obedeçam-na. Todo som que ouvis na Terra é um eco de Sua Voz, e toda luz de qualquer cor provém do brilho ofuscante de Seus olhos. Não podeis fazer descer estes anjos até o eu inferior; para vê-los e ouvi-los, tendes que vos elevar até o seu mundo... Ao transpor o seu umbral, vereis a enorme multidão, banhada em milhares de matizes do arco-íris, cantando sempre em tons de antífonas as Palavras de Deus. Através do som de suas trombetas e flautas, do ruflar de asas, da luz de ígneo esplendor de seus olhos e da radiante beleza de suas formas, vem a música de suas vozes. Assim cantam e tocam sempre, desde o nascimento até a morte dos universos, enquanto que eles persistem como a orquestra coral de Deus.

Eles necessitam de ouvidos e corações humanos para que, por meio destes, possam trazer harmonia ao nosso mundo, e os homens possam responder cada vez mais ao som e ritmo de seu canto. Para eles, todos os homens e todos os anjos são instrumentos, e toda faculdade de mente e coração é uma corda. Vigiam ansiosos cada raça recém-nascida, vendo nela a promessa de novos instrumentos, um volume maior de tom, um outro tubo de órgão para responder ao sopro de Deus. Veem a unidade de todos; conhecem cada um como peça do grande e único instrumento em que Deus executa aquilo que Ele ouve além dos reinos do tempo e do espaço. Através deste instrumento, através de todas as inumeráveis músicas, pulsa o palpitar do Seu Coração, o ritmo do alento universal. Todos os movimentos das estrelas, o acender e o apagar de sóis, o nascimento e morte dos planetas, a evolução da raça, as ondas que se quebram na praia, a elevação e queda de continentes, o derretimento dos mares polares, a palpitação dos corações humanos, a germinação da semente, tudo isso responde ao ritmo do palpitante coração de Deus.

Este é o bordão do canto que entoam os Deuses da Música.

7- OS ANJOS DA BELEZA E DA ARTE

Tudo o que é divino é belo, e expressa em seu nível a perfeita beleza do Absoluto.

Quanto maior for a densidade em que Deus se limita, mais profundamente se oculta a Sua beleza. Algumas dentre as hostes angélicas, vendo a beleza de seu Deus, incorporam-na a si mesmas e assumem no mundo da forma o dever de ajudar os construtores das formas, para que possam modelar todas as coisas sem perder de vista a beleza do padrão ao qual deve ajustar-se a sua obra.

Esses Anjos da Beleza tratam de modelar as formas em crescimento e as já crescidas, para que a beleza interna possa brilhar cada vez mais. Assim como os Anjos da Música são a voz de Deus, esses são Sua Mão, com a qual Ele pinta na tela do universo o quadro da visão que Ele teve.

Sempre que o homem aspire ao Belo, e procure modelar, pintar ou desenhar de acordo com o mais elevado que consiga ver, ele se afina com os anjos da Mão de Deus; durante esse tempo, o ritmo deles se torna seu. Se os chamasse, eles viriam e à sua visão acrescentariam as suas próprias, as suas caraterísticas de cor e forma. Despertariam nele sua sede por todas as coisas belas; iriam esforçar-se por estimular sua mente a romper as convenções e limitações de seu tempo. Incutiriam novas teorias, novos ideais em seu cérebro, para que a tendência da mente humana em estabelecer limites e fixar leis fosse vencida, e se libertasse o gênio criativo, profundamente oculto e como que encerrado numa prisão. Assim, a alma humana seria libertada, e subindo nas asas da arte, poderia alcançar a visão que é sempre nova; poderia remontar-se aos cânones do passado, pois mesmo a Beleza de Deus está sujeita à lei da transformação, e cresce em esplendor dia a dia.

Os Anjos da Cor e da Forma trariam ao homem esta crescente beleza, esta maravilha sempre aumentando, esta infinita formosura de Deus, para que todo homem pudesse partilhar da honra que eles têm, de atuar como a Mão do Supremo Artista. Invocai os anjos em vossas escolas de arte; convidai-os a ajudar-vos, e a fealdade será banida, e todo o mundo será mais belo.

Sua mensagem aos homens é que a Beleza ocupa um lugar muito alto entre as oferendas do altar dos Deuses; que a Beleza deve ser considerada como virtude e a fealdade marcada como pecado; que o belo, o gracioso e o delicado sejam a única coisa que hão de contemplar as crianças desde o seu nascimento.

A Beleza não nasce nem morre: é eterna. Só pode manifestar-se um fragmento da Beleza personificada; só um raio do eterno Sol de Beleza pode brilhar através do universo. Os homens o veem, e deslumbrados pela visão, creem ver o todo, embora nem o anjo nem o homem possam vê-lo jamais. Mas o fragmento cresce, o brilho do fulgor aumenta à medida que se vai incorporando mais e mais ao universo. O Eu e a Beleza aparecem cada vez mais como unos nos mundos manifestados como o são nos imanifestados.

A verdadeira beleza é sempre nova; e este é o sinal que vos permite distinguir entre a falsa e a verdadeira. A beleza falsa, produto dos eus inferiores, não muda, está fixa, e, como todas as coisas que estão fixas num universo que não cessa de crescer, é velha desde o momento em que nasce.

Se existe movimento em todo o universo, a verdadeira beleza deve sugerir movimento. Não há beleza num quadro de morte, embora a morte em si contenha beleza. A Beleza é a alma de todas as coisas naturais e jaz oculta em toda virtude, especialmente no amor. Não precisais outro padrão, não precisais outra lei, nem há outra virtude tão grande como o amor à beleza, porque a beleza é a essência de todas elas.

Toda lei que forjeis, todo estatuto que estabeleçais, deverão satisfazer a esta pergunta: "Será belo o resultado?" Este é o ideal com que o cidadão deve medir sua conduta e seus deveres para com o Estado. Esta é a forma para as nações em seus Conselhos e Ligas, pela qual, num relance, pode o Regente artista de um mundo avaliar o mérito dos governos e reis. Para Ele, a medida da fealdade de uma nação é a medida de seu desgoverno nos negócios, a medida da beleza de uma nação, como da verdadeira majestade de seu rei, é a do progresso que ela realizou. Felicitai-vos, pois, continentes, nações e homens pela presença dos anjos da Mão de Deus. Todos os homens podem converter-se em artistas, porque a Esplendente Visão se aproximará tanto que mesmo os olhos mais opacos poderão vê-la. Os poetas, sonhadores, pintores e escultores surgirão em todas as famílias, até que todo o mundo seja um estúdio; e a terra, a pedra e o ladrilho serão como argila nas mãos do modelador.

Construireis cidades mais formosas como jamais existiram na Grécia, porque vós sois gregos reencarnados. Mas tendes crescido desde aquele tempo. Juntos poderiam encher todos os continentes de cidades mais formosas que as dos tempos antigos. Vós modelareis vossos pensamentos, vossos sentimentos e vossa carne. Vós fabricareis uma Raça semelhante a Deus em beleza e em potência; as hostes angélicas virão ajudar-vos em vossa tarefa.

Esta é a visão do futuro que vos trazemos, um futuro de possibilidades ilimitadas de esplendor a fim de que, uma vez mais, os filhos de Deus, anjos e homens, se associem para a execução do Plano.

CAPÍTULO II

A PRIMEIRA MENSAGEM

Já que o Grande Ser se aproximou tanto de nosso mundo e do vosso, é da maior importância a formação da ponte entre ambos os mundos, para acelerar-se a época em que ela possa ser livremente utilizada para qualquer deles. Devemos idear melhores meios de comunicação, e o vosso estudo pode bem ter por objetivo a ampliação da ponte e a instrução de vossos irmãos para usá-la. Estes nos encontrarão a menos do meio do caminho para unir-nos a eles, porque o próprio Senhor decretou nossa união por vínculos mais estreitos.

A primeira condição de vossa parte é a crença em nossa existência, e para isso devem ser facilitadas mais informações sobre nós, e apresentadas de tal maneira que sejam aceitáveis tanto para os homens de ciência como para os poetas, os artistas e os sonhadores. Em vossos estudos científicos e à medida que os aprofundeis nos reinos superfísicos, sede sempre observadores de vosso lugar na manipulação e ajuste das forças da natureza. Atrás de todo fenômeno encontrareis um membro de nossa raça. Nossa posição na natureza é muito semelhante à do maquinista: ele não é a força, dirige-a; e assim como seu cuidado e vigilância constantes são essenciais para a marcha eficiente da grande máquina, os anjos, ou devas[5], são essenciais para a marcha eficiente da grande máquina da natureza,

5 Deva é uma palavra que compreende toda a escala evolutiva, desde o menor espírito da natureza até o Arcanjo mais sublime. (N. ed. bras.)

assim como de cada peça de que se compõe, desde o átomo até o arcanjo. Enquanto a presença de nossas hostes invisíveis for desconhecida para a Ciência, existirá falhas em seus conhecimentos; lacunas que unicamente podem ser preenchidas pela compreensão de nosso lugar no esquema das coisas.

Não é provável que se possa obter este conhecimento pelo emprego de instrumentos físicos; e, portanto, a segunda condição essencial é o aumento numérico de seres humanos capazes de se porem em contato conosco. Talvez o meio mais fácil de nossa aproximação seja o amor à natureza. Os que desejam encontrar-nos devem aprender a manter com a natureza um contato mais íntimo do que no presente é possível à média dos homens. Além de uma apreciação muito mais profunda da beleza da natureza, há de mostrar-se aquela reverência por todas as formas e modalidades, por todas as suas múltiplas expressões; reverência que nasce do conhecimento da presença Divina de que estas formas, modalidades e beleza são a Sua aparência externa. Desta apreciação resultarão, naturalmente, a realização de que toda beleza é de natureza sagrada e o desejo de se aproximar da divindade interna.

Depois disso deveis obter um sentimento vivo de unidade com a natureza, até que possais ver-vos em toda árvore, em toda flor, em toda erva, em toda nuvem que passa, e compreender que as múltiplas diversidades que constituem um vale, um jardim ou um extenso panorama de montanha, mar e céu não são mais que expressões do EU Único que reside em vós, de que sois uma parte, por meio do qual podeis rasgar o véu externo da beleza, para que não mais vos impeça a visão do Eu. Quando tiverdes obtido esta compreensão, estareis no umbral de nosso mundo; tereis aprendido a ver com nossos olhos, a conhecer com nossas mentes, a sentir com nossos corações.

Todavia, não basta apenas a capacidade, pois é uma senda que poucos podem percorrer. No entanto, pode ser considerada como sendo a larga avenida que conduz à ponte.

Todos os verdadeiros artistas têm percorrido esta estrada, porém poucos nos têm encontrado, porque à sensibilidade do artista se têm de acrescentar a mente inquiridora do cientista e o penetrante olhar do vidente. O cientista deve aprender a começar onde o artista para; e colocando-se dentro do coração central da natureza, prosseguir suas investigações para fora, até a circunferência. Não perderá, na realização de si mesmo, aquela clareza de inteligência, aquela exatidão de observação que tão justamente aprecia, porém as dirigirá sob um novo ponto de vista. Deve colocar sua mente dentro da árvore, da planta, do animal, do elemento, do átomo que deseja estudar; para isto, deve seguir primeiro a senda do artista e do poeta, do filósofo e do metafísico, combinando dentro de si as capacidades de cada um. A realização do mundo angélico começará a iluminar gradualmente sua consciência e, por meio dela, todo problema para o qual sua mente se volta.

Que primeiro adquira a técnica necessária do laboratório e dos compêndios, e depois, abandonando-os por algum tempo, medite com preferência entre as belezas da natureza, recorrendo a nós para guiá-lo e auxiliá-lo. Se for sincero, o conhecimento lhe virá na certa.

Em seguida vem o método do cerimonial, em que as ideias divinas, as palavras de poder e a precisão na ação se combinam de maneira estritamente correspondente à maneira de trabalhar dos anjos. Que todas as igrejas e todos os sacerdotes que buscam este caminho nos abram de par em par suas mentes e sua obra; que nos concedam maior participação em suas atividades beneficentes. Membros das hostes angélicas pairam sobre as cabeças de todas as congregações, mantendo-se ao lado de todo sacerdote, porém, com que frequência os separam as barreiras erguidas pelas mentes humanas!

Que tanto o sacerdote como a congregação abram suas mentes ao reconhecimento de nossa presença em meio deles, e invoquem nosso auxílio, e logo, muito logo, alguns começarão a ouvir o ruflar de nossas asas, a sentir um aumento de poder em seu trabalho, e por último, uma felicidade crescente em suas vidas. Como Aquele que veio, nós trazemos nossa mensagem de felicidade. Nós, que somos expressões da glória divina; nós, para quem não existe dor nem tristeza, nem separação nem morte, nem prejuízo algum, e sim, sempre alegria, luz e poder, à medida que aprendemos a expressar mais e mais daquela Vontade Divina, de que emanamos.

Para nós, a cornucópia da vida está sempre cheia até transbordar, e de sua exuberância queremos nutrir a humanidade. Deles será a felicidade que jamais se debilita, mas cresce até chegar ao êxtase da glória. Assim, pregai vós, ministros de Deus, o evangelho da felicidade, em Seu Nome e no nosso. Com o apenas abrirdes de par em par as portas de vossos corações e mentes, portas que, a despeito dos antigos ensinamentos de vossos credos, estão fortemente cerradas para nós, encheríamos vossas igrejas, mesquitas e templos.

Também o curador pode nos invocar para ajudá-lo em sua missão. Os leitos dos enfermos humanos nos chamam, a nós que não conhecemos a dor. Maravilhosas curas se poderiam realizar, se deles pudéssemos nos aproximar livremente. Para consegui-lo, deveis combinar a cura com a religião, com as cerimônias, bem como com a visão que da realidade tem o artista.

Em toda instituição para cuidar das crianças, enfermos e anciães, deveria estabelecer-se um centro magnético que pudéssemos empregar como foco. Seria um cômodo à parte, embelezado e consagrado por cerimonial adequado, que teria por objetivo a invocação de Rafael e dos anjos curadores, e estabelecer uma atmosfera em que pudessem trabalhar.

Não se requer grande caudal de conhecimento para isso; e sim, apenas sinceridade e visão. Ao cômodo seria dada a forma octogonal, com o altar ao Oriente, velas e os símbolos da religião do país colocados nele, uma efígie do fundador de seu credo, incenso, água benta e flores fragrantes. Deveria celebrar-se todas as manhãs uma cerimônia de invocação aos anjos e todas as tardes um serviço de ação de graças[6].

Em todas as salas e enfermarias poderia consagrar-se e empregar-se, também, um pequeno altar. Então todo médico se converteria num sacerdote, toda enfermeira em acólito; e nós veríamos e curaríamos através deles, ajudando de mil maneiras. Em cada lar humano poderia haver um lugar para nós. Em alguns países se so-

6 Veja-se o Capítulo XIII. (N. ed. bras.)

licita a nossa presença, porém, mesmo ali, por longas e continuadas práticas, velhos hábitos perderam a sua vida, permanecendo a maior parte meras formas vazias. Poderiam muito bem ser inventadas e adaptadas à civilização ocidental por aqueles que desejam atravessar a ponte para o nosso mundo.

Talvez fosse mais conveniente o método de colocação de um altar à parte, para uso exclusivo das invocações e oferendas aos anjos. Em todos os momentos de necessidade, crises repentinas, enfermidades, partos e mortes, seria um prazer para os anjos prestarem seu auxílio; porém, o poder seria maior e sua presença mais real com a instalação de centros magnéticos no lar. Um simples objeto de grande beleza, mentalmente associado aos anjos e à natureza, um vaso de flores diariamente renovadas; incenso, uma oração ou invocação curta pela manhã e uma bênção à tarde seriam suficientes. São indispensáveis uma limpeza perfeita, uma atmosfera de pureza extrema e o sincero desejo de cooperação para auxílio mútuo. Em adição a esta simples cerimônia, poderia ser feita uma referência apropriada ao Fundador da religião praticada no lar, e talvez uma oração para atrair Sua Bênção sobre os anjos e os homens.

Estes poucos exemplos bastarão para sugerir um método de comunicação e cooperação, do qual poderão derivar-se variações para propósitos particulares; por exemplo, para o estúdio de um artista, para as salas de cirurgia, de consultas, de conferências e, numa palavra, onde quer que os anjos possam ser úteis. Outros campos de cooperação mútua nos esperam nos domínios da horticultura e agricultura.

Mesmo que estas práticas não criassem um grande número de pessoas capazes de entrar em comunicação direta com os anjos – embora isto fosse desejável e necessário – produziriam, gradativamente, uma mudança que tenderia a possibilitar a comunicação. Este desenvolvimento se manifestaria particularmente entre as crianças que, crescidas em tal atmosfera, teriam toda classe de facilidades para desenvolver e empregar tais poderes de comunicação.

Poderiam esperar-se também muitos outros resultados benéficos, culminando na elevação da tônica da vida e pensamento humanos, que tenderiam a tornar-se mais sensíveis, refinados e responsáveis, como resultado do contato com a consciência angélica. Com o tempo, isso começaria a afetar o aspecto externo do corpo físico, bem como seus movimentos e gestos; as artes e encantos da vida começariam a ser geralmente mais apreciados e expressos.

Para os que encontram dentro de si mesmos uma resposta natural a estas ideias e um desejo instintivo de aplicá-las, poderiam ser formados centros e comunidades para seu uso próprio, nos lugares mais remotos do país. Toda comunidade ou centro formado com propósitos espirituais encontraria consideravelmente aumentado o valor, extensão e poder de sua obra pelo reconhecimento da presença dos anjos e pela prática da cooperação com eles.

Este vale[7] é muito apropriado para tal esforço; e é bem provável que num futuro não muito distante se estabeleçam e cresçam aqui centros da Sabedoria Antiga e da nova religião; centros em

7 O vale em que foram recebidas estas mensagens. (N.ed.bras.)

que os trabalhadores humanos e angélicos obterão reconhecimento e cooperação sempre crescentes. Magnética e historicamente, este vale é particularmente propício ao trabalho; quaisquer métodos que se empreguem, seu êxito será grandemente acrescido pela cooperação. Os anjos deste distrito demonstrarão grandíssima presteza para associar-se, sempre que a obra tenha por base os ideais da Sabedoria Antiga.

No plano físico, é vossa a obra de preparação e construção de forma; nos planos internos, nos associaremos aos vossos eus superfísicos no derrame de vida, na estimulação do crescimento interno, na proteção do centro contra a intrusão de forças estranhas e na conservação da força gerada.

Um centro aqui poderia servir tanto para uma comunidade ativa como para os que buscam um retiro para meditação e estudos. A medida de seu êxito será muito aumentada se a concepção de cooperação humana e angélica se mantiver sempre presente e se a sugestão de empregar tal cooperação for feita a todos os que entrarem em sua esfera de influência. Poder-se-iam esperar muitos desdobramentos para a criação de um sanatório e casa de repouso, uma instituição semimonástica como um retiro para estudos, meditação e investigações, com salas para literatura, artes e ofícios, representações dramáticas, dança e exercícios rítmicos. A iniciação bem-sucedida destes planos produziria um resultado que serviria de modelo ao estabelecimento de centros similares em outras partes do mundo.

O fator essencial do êxito na cooperação entre nós é a realização mental de sua possibilidade, e sua contínua recordação e emprego, no mundo mental, em toda peça da obra empreendida.

Todos os que se empenharem com ardor nesta prática desenvolverão quase que inevitavelmente o poder de perceber a presença e cooperação dos anjos e sua infalível resposta aos seus pedidos de auxílio. É claro que esta concepção deve ser mantida em sua forma mais simples, inteiramente livre de todo sensacionalismo ou rigoroso cerimonial, nem se sugere que se faça qualquer tentativa para conseguir um estreito contato pessoal com anjos individuais ou para empregá-los como motivos de vantagens, interesses ou curiosidades pessoais. Tais tentativas conduzirão, inevitavelmente, a desastres, e devem ser rigorosamente excluídas. Deve ser tão natural atuardes com os anjos, como com outrem qualquer ou com os animais domésticos.

Como já foi dito, as qualidades de Simplicidade, Pureza, Retidão e Impessoalidade devem caracterizar todos os que aspirem a tomar parte com êxito em qualquer esforço mútuo. O indivíduo excitável, emocional, ou desequilibrado não pode, sem grande perigo, pôr-se em contato com as grandes forças que atuam por trás e através da evolução angélica. As pessoas de mentes extremamente práticas e controladas, dotadas também de capacidades de idealismo e imaginação positiva, são os trabalhadores ideais. São estes os tipos que deverão ser procurados para a iniciação de planos em que se empregue a cooperação humana e angélica.

Embora o mundo em geral possa zombar de nossas aspirações, está assegurada uma resposta crescente. Existe dentro do coração e da mente humanos uma atração instintiva nesta direção; ela nasce, em parte pelo menos, de antigas recordações dos tempos em que os anjos andavam com os homens, e em parte, da profecia natural, latente em toda alma humana.

CAPÍTULO III

A SEGUNDA MENSAGEM

Os anjos vos pedem, não adoração, porque seria impróprio, e sim, amor. Pedem apenas que lhes seja permitido unirem-se a vós em louvar e dar graças Àquele que é o Pai de todos nós e na adoração do Supremo Instrutor dos Anjos e dos Homens. O valor de nossas adorações aumentará ao serem elevadas com as vossas; vossas vidas se enriquecerão pela resposta ao nosso louvor comum. Nossa esfera de utilidade para Deus se ampliará pela participação na vossa. Vossas vidas se enriquecerão, vosso mundo se alegrará pela inauguração da Fraternidade entre Anjos e Homens. O objetivo da Fraternidade é aumentar a extensão do amor humano, incluindo os anjos em sua auréola rosácea, de modo que o conceito de fraternidade, tônica da idade vindoura, não encontre limites, mas se estenda para incluir todos os seres viventes, mortais e imortais – os moradores dos etéreos mundos de ar, fogo e água – a população de ilimitados domínios do Espaço.

Aproxima-se o tempo em que já não permanecerão invisíveis para vós; porque, à medida que lhes abrirdes vossos mundos, cessarão a resistência à vossa entrada nos seus. Abrindo de par em par suas portas, vos convidarão a passar pelo portal, oferecendo-vos plena participação nos tesouros de incalculável valor que por tanto tempo estão guardados.

É o amor que abre as portas. Amor entre vós primeiro, para que não possais fazer mau uso das graças que vos outorgam; amor também aos vossos irmãos, o que lhes dará o poder de se revelarem. Os anjos vos enviam seu amor e sua saudação estendendo suas mãos em comunhão, segundo o mandado do Senhor, que recentemente tornou a vir até vós e até eles. Rodeado de anjos como antigamente, Ele vem; e nós, Seus servidores, trazemos Sua mensagem de fraternidade e amor: "Conservai a mesma atitude mental entre vós, porque não há mais que uma Vida, ilimitada, inesgotável, que é a verdadeira essência de todos vós. Ide aos filhos dos homens; aproximai-vos deles mais uma vez para que voltem os dias em que os anjos andavam com os homens. Fazei-o; é a Vontade de Deus."

Qual será vossa resposta, homens da Terra? Esperamo-la. Quiséramos acender tal fogo em vossos corações que pudéssemos sentir o calor da mesma grande chama que arde dentro de nós, a chama da Vida divina, que se reproduz à medida que se consome, renovando sem cessar o poder ígneo na vida daqueles em quem arde. Este é o desígnio da vida do anjo; este é o segredo do fogo angélico, fogo divino que arde sem cessar; é a chama que brota da chispa imortal, nossos íntimos eus, que surgem do ígneo coração central do universo, o Sol Espiritual.

Todas as vossas faculdades crescerão e todos os vossos poderes aumentarão, até que a vida seja um êxtase, até que se revele em todos uma beleza inesperada, até que uma capacidade inopinada para o amor, a vida, a felicidade, brote dentro de vós. Assim encontrareis vossa senda ao Reino da Felicidade, de êxtase e alegria, a que nosso Senhor, em Sua divina compaixão, vos quer conduzir. Vinde a este Reino, a região da imortalidade em que nós moramos, e participai conosco das alegrias que jamais acabam, dos esplendores de um mundo onde a morte é desconhecida, onde não há separação nem dor.

Que a beleza, o poder e a alegria da visão fluam ao vosso mundo, curando vossas dores, libertando-vos de sua escravidão, fealdade e vício, para que todos os homens possam levantar suas cabeças com dignidade e voltar a ser os deuses que devem ser!

Deixai ir os olhos tristonhos, a face enrugada, o olhar sisudo, o semblante carrancudo, o lar repugnante! Que a Vida seja bela para todos sem excluir a ninguém; pois Aquele que vem, vem para todos e quer remover estas manchas negras de vossa raça, pois Ele vê a Deus dentro de vós lutando por sua liberdade.

Estas vidas obscuras, lúgubres, tristes como túmulos, devem estar preenchidas de alegria; deve ser-lhes dada a liberdade que Ele vos manda dar.

Alçai o evolucionante deus; não o empurreis para baixo, nem o sepulteis cada vez mais profundamente na lama de vosso egoísmo. Assim, todos serão erguidos, nascerá uma raça mais formosa, evoluirá um tipo mais nobre, e será erigido um templo mais digno de corpos humanos felizes, saudáveis, robustos e livres, para morada compatível com o Deus oculto em seu interior.

Ele vem para ajudar-vos neste objetivo. Para ajudar-vos, e a Ele, vimos, oferecendo-nos a vós, humanos. Nós, que não sentimos o premente e esgotador peso da terra, vos honramos por vossa grande peregrinação tão longe de Seu Rosto – do Qual nascestes – tão afundados nos densos mundos materiais. Agora que vossos rostos se voltam para o lar, Ele nos ordena entoar o canto das boas-vindas;

Ele nos manda sair ao vosso encontro, e unindo nossas mãos às vossas, conduzir-vos mais rapidamente pela Senda da Volta à Sua morada, a Mansão da Luz.

CAPÍTULO IV

O SUPREMO

Há demasiada satisfação pelo que não é o mais elevado e pouca disposição para mirar cada vez mais alto tudo o que se faça. Mesmo nas conversações prazenteiras com amigos deveria ser sempre mantido o ideal de que pensamentos, palavras e atos fossem os mais elevados. Por não ser assim, a natureza do coração e da mente se embota, o sentido de grandeza se debilita, e se imiscuem pequenas coisas que embaraçam e retardam o seu progresso na Senda.

Estas coisas não deveriam acontecer, não deveriam existir. Mesmo as coisas pequenas são grandes para aqueles que continuamente aspiram. Fazei algo grande de todas as coisas. O passeio a pé ou de carro – conversações familiares, tudo o que fazeis em casa, todas as obrigações mundanas, vossos prazeres e vossas dores, vossos esforços e vossas horas de descanso – que todas estas coisas sejam grandes, as maiores que vos ocorram, as maiores que estejam ao vosso alcance.

Que o Supremo seja o vosso lema, e que aquele que vier às nossas fileiras adote este lema. Também nós o adotamos, e sempre que alguém faz esta promessa interna, um anjo a repetirá e a levará qual uma tocha a crescer ao grande reservatório de forças acumuladas para a nossa obra. Que todo aquele que assim queira se oferecer, retire-se para o isolamento, para um cômodo reservado, para um cume formoso, para a sombra de um bosque, ou, se não os necessitar, para o recôndito de seu coração. Que ali fixado o propósito, medite, primeiro procurando penetrar no âmago e significado de nosso ideal. Depois, tendo-o vislumbrado, imponha-se a firme resolução de sempre se esforçar por ele nesta vida e nas futuras, recordando-se de que para o grande todas as coisas são grandes.

Talvez, deste modo, possamos romper a crosta que ameaça vossa raça, a crosta da apatia em que estais tão profundamente submersos que somente com guerras, terremotos, incêndios e inundações, fomes e mortes repentinas se pode sacudir a vossa sonolência. Vossos eus superiores – vossos eus angélicos – se esforçam continuamente para despertar-vos, para enviar uma missão através de vossos sonhos; e aqui e ali, algum dorminhoco se vira e estira, com muita frequência para tornar a dormir; vossos sonhos têm de ser interrompidos pela pressão das coisas externas a vós.

As guerras vêm para despertar, e orais a Deus para que vos salve de novas guerras! A peste e a fome se dão as mãos para passar a passos largos através de vossas vidas estonteadas e só despertais ao vê-las ameaçar vosso repouso e, por algum tempo, vos converteis em vossos eus superiores. No entanto, destas orais ao vosso Senhor, pedindo-Lhe que vos salve! Vosso salvador disso está sempre convosco, é o vosso eu íntimo; porém, como não sois acordados pelo vosso Eu interno, tereis de ser despertos por vosso eu externo. Sabei que nas guerras, pestes, cataclismos vedes a vós mesmos, as expressões de vossa alma, com uma tocha nas mãos pelo dormitório em que jazem vossos corpos, para sacudir-vos de vosso sono, para afugentar as obscuras sombras da satisfação e do contentamento próprios.

Aqueles outros de vossos eus voltarão uma e outra vez até que vós mesmos consigam bani-los para sempre. Apartam-se da nação, daqueles homens que, respondendo ao Supremo, vivem de acordo com Suas leis; que, vendo o maior, lutam sempre por expressá-lo, que não descansam nem dormem, cheios de um desejo ardente que os impele para adiante, de cume em cume, nas montanhas do mundo espiritual. Este é o caminho da liberdade, irmãos, e não há outro. Quem vos diz que a guerra pode cessar pela ação da lei, faz pior do que mentir; encobre a verdade, de sorte que os homens, crendo-se salvos, voltam a sumir-se em seus sonhos, e a guerra volta a seu tempo.

Em nossa Fraternidade temos de começar por manter alto este grande ideal: O SUPREMO – cada qual deve comprometer-se de que nada mais satisfará a sua alma. Deveis pregar este evangelho: que jaz em vós mesmos a causa de todas as coisas boas ou más; de que a melhora do bem e desaparição do mal só podem ser conseguidas pela ação interna. Deveis reformar as vidas dos homens, não as suas leis: as vidas só podem ser transformadas quando se ajuntam ao Supremo, em vez de brincarem com o ínfimo.

Ninguém pode alegar desconhecimento destas coisas. Mensageiro após Mensageiro vem difundindo a verdade por todas as partes. Sois vós os que encerrais as verdades nos templos, nas igrejas e mesquitas, e vos refugiais nos tribunais da lei, até vos esquecerdes da negação do eu inferior e a substituirdes pela negação do Eu superior.

Todavia, rides desdenhosamente quando se vos diz que o amor salvará o mundo, ou a pureza, a verdade, a lei do sacrifício. Haveis endurecido vosso coração, e, no entanto, ainda Ele vem, a encarnação do amor, da pureza e da verdade, da lei do sacrifício, para ensinar-vos mais uma vez as antigas verdades, a fim de que a guerra - uma guerra ainda maior - não ocupe o lugar do Instrutor dos anjos e dos homens.

Seja este o nosso lema e a nossa senha, o sinal que nos faça conhecer-nos reciprocamente de dia e de noite: O SUPREMO. Buscai um artista amigo que vos bosqueje um quadro; um membro da hoste angélica de pé sobre um globo e apontando para o céu, e escrevei-lhe embaixo: O SUPREMO. Chamai-o "O Anjo da Mão Indicadora"; fazei-o símbolo e talismã; abençoai-o com poder, amor e valor para o êxito. Que todo aquele que o use se encha do divino descontentamento, aspirando ao mais elevado e à meta. Aprendei a construir a forma nos mundos mentais; enchei-a de vossa vontade e irradiai-a para os homens. Saturai-a de vossa vontade, chamai um anjo para que a anime com sua vida, até encherdes o mundo mental de formas cintilantes, da espécie angélica, que apelarão para os eus mentais dos homens, e os despertarão de seu sono. Inundai o mundo mental com este ideal, o ideal do SUPREMO.

CAPÍTULO V

A PACIÊNCIA

Podeis imaginar um anseio tão grande de agir que nossos corpos pareçam próximos a estalar sob sua pressão, porém, um anseio de tal modo combinado com a paciência que pode esperar mil anos?

A esta sublime paciência deveis aspirar, porque dentro da qualidade da paciência se encerra uma multidão de virtudes: energia para dominar-se, poder da refrear-se, visão do Plano, conhecimento do Real, desprendimento dos resultados e coordenação da vontade, mente e corpo, para que, a seu tempo, atuem unificados. Este gênero de paciência não extingue o fogo do anseio de servir; arde melhor, cada vez com maior ímpeto, sob a pressão da vontade e da mente. Quando, por último, vem a ordem; quando, passada uma era, chega o dia de abandonar as restrições, o poder acumulado por tanto tempo brota através de nós; transformamo-nos em catapultas de Deus.

Pois bem; este dia chegou; as energias armazenadas, resultantes do poder do grande ideal, estão se esparramando em vosso mundo. Não vos inquieteis pelo resultado; o fim está assegurado. Não foi em vão que foi traçada por vossa e nossa Hierarquia o plano desde muito antes que se pudesse contar convosco, sempre aguardando o alvorecer do dia; e por isso digo que o fim está assegurado. Ainda planejamos para as idades vindouras vastos esquemas que incorporam a Vontade divina; em detalhe, também, até os anjos e os homens que eles escolhem.

Recordai que a origem fundamental do poder está na ideia. A ideia que nós expomos nos mundos manifestados não é mais do que a força emanada - ou reflexo - da Ideia divina. E sendo isso assim, ninguém poderá retardar ou reduzir sua potência, nem circunstância alguma impedir a sua última expressão. Neste conhecimento deve basear-se a paciência.

CAPÍTULO VI

A PAZ

A paz é um princípio essencial na natureza, e não apenas uma qualidade a adquirir-se; pertence à inata essência de todas as coisas; como o amor, é um princípio coesivo. Atrás de todo movimento há o repouso; atrás de todo ruído há o silêncio; e assim, atrás do movimento e da música das esferas há paz, o equilíbrio de Deus. Embora todos os Seus planetas e todo o Seu povo se movam, Ele é imóvel e nada há em Seus vastos domínios que possa perturbar Sua paz, tão firmemente fundamentada.

Também vós, se quereis êxito, tereis de encontrar aquela paz, aquele poder de equilíbrio divino que nada no mundo externo pode sacudir nem circunstâncias sinistras destruir. Quisera que volvêsseis vossos pensamentos para este grande descobrimento, o descobrimento daquilo que dentro de vós é um reflexo da paz de Deus. Não é propriedade vossa, não é uma qualidade que tenhais de adquirir; é um poder que deveis libertar, é o centro giroscópio de vossa alma. No começo é como um isolamento da alma, tão profundo é o seu silêncio, tão vazio se acha de som.

O caminho para este reino se estende através da mente, as estradas que conduzem até ele são aplanadas pelo pensamento; e são essas as estradas que a alma tem de percorrer. Deveis começar, pois, pelo pensamento. Pensai com frequência na paz, mas não a confundais com a quietude nem condição alguma de coisas externas, por tranquila e silenciosa que seja.

Deveis submergi-vos à maior profundidade, até os últimos esconderijos da alma, em busca do reino da paz. Não é da mente nem do coração, embora a essência de ambos se radique em sua profundidade. Meditai sobre a paz e assim aplanareis a estrada que depois tereis de percorrer, para que seja lisa e cômoda a vossos pés.

Ao vos aproximardes do caminho, o sentido da vida manifestada irá se desvanecendo gradualmente; sentir-vos-eis sós. Não temais; não é mais do que a aura do reino da paz, que se estende por todas as partes e vos encontra no caminho; entrai nela, e que o seu poder vos fortaleça para as últimas etapas da busca. À medida que a solidão se avoluma ao vosso redor, bendizei-a e deixai-a penetrar em vossa alma até que todo nervo, mesmo átomo, esteja tranquilo.

Não confundais este reflexo profundo com a meta mesma, como têm feito muitos; a paz jaz ainda mais profunda, tem de ser explorada até os últimos recessos. Ainda quando toda natureza pareça pausar e a meta esteja quase alcançada, intensificai vossa busca. A ponte elevadiça está baixada, o sinal está aberto. Avante! Porque, comparada com a paz que vos espera, agora, a que acabais de conhecer é como discórdia em alvoroço, está tão longe da realidade como o fogo terrestre do sol espiritual. No entanto, são da mesma família e hão de se encontrar no caminho. Era a paz externa e não a vossa. Transponde, pois, os portais, e perdei-vos em vós mesmos; caí no abismo; submergi-vos no lago que, embora parecendo nada, é tudo; é o lago da paz.

Pensai profundamente nestas palavras, irmãos meus, e procurai investigar. É parte de nossa disciplina angélica, é a escola das hostes angélicas. Faltos da ancoragem que vos é dada por vossos corpos terrestres, os anjos são inúteis na grande tarefa até encontrarem o fulcro no seu íntimo mais profundo, que lhes serve de alavanca, como os vossos corpos às vossas mentes; na falta da carne, têm de buscar aquele ponto estável interior. Por que não deveis também achá-lo, e possuindo ambos, o fulcro interno, conservar o inabalável equilíbrio externo que é a expressão da paz espiritual, o ponto final, o mais profundo do eu, além do qual não existe eu?

Foi desta fonte tão profunda e interna que irrompeu o poder que não foi afrontado pela vasta tempestade no mar da Galileia; deste reino Ele falou ao vento e à onda: "Paz, tranquiliza-te." Embora não seja a paz terrena, maneja um poder que todas as coisas da Terra têm que reconhecer como irresistível em sua energia. Quando deu Sua Paz dizendo: "Não como o mundo a dá, dou-a Eu", falou desse mesmo reino interno. Dali veio também o poder que com Sua música Orfeu amansava as feras mais selvagens e belicosas dos desertos da Trácia; baixava os ramos das árvores e as mantinha quietas; forçava o leão, o tigre, a serpente a abandonarem sua ferocidade e violência, e os mantinha tranquilos, apenas cantando: "Paz, aquietai-vos!" E sempre, onde está a Sua presença, há paz; o movimento parece cessar.

Assim, Aquele que vive sempre no retiro do equilíbrio eterno vem trazer a paz; e como Ele, vindo dali, traz a paz ao mundo, podeis também encontrar a paz no mesmo manancial, o ponto mais profundo, o mais firme, o ponto de quietude dentro de vós, e cessará a guerra de vosso eu inferior.

Também vós deveis adquirir a magia daquele longínquo reino, que dará à vossa paz o poder de dizer: "Paz, aquietai-vos!"

Nenhum vivente destes mundos externos pode resistir àquele poder. Os mais selváticos silfos, as criaturas mais ferozes do fogo, os elementais da tempestade, dos terremotos, dos vulcões, dos dilúvios têm que renunciar às suas violentas investidas, a seus irresistíveis e animados jogos, ao comando daquele que verdadeiramente pode dizer "Paz, aquietai-vos!"

A paz é a essência de todas as coisas. A hora tranquila, a cena pacífica, o canto da lareira, o aperto de mãos dos que se amam, a adoração dos devotos, o culto dos santos, a bênção dos Deuses, tudo isso tem por essência a paz, e em sua ausência a beleza desvanece... Conquistai, pois, a paz.

Vossos povos possuem tanto do que poderia ser belo, não fora a falta de paz; quase toda a vossa arte se corrompe por disputas excessivas e falta de paz. Somente os homens mais ardentes têm em verdade realizado a grande arte, grande pela paz que encerra. No entanto, tudo o que cresce - a erva, a rosa, o arbusto, o inseto, o animal, o homem - é belo. Todos são resultantes de uma arte que surge da paz, como as flores do lótus que permanecem na superfície do charco.

Ó irmãos meus! Se désseis ao mundo esta única mensagem, incitando os homens a buscarem a paz, não a liberdade oriunda do embate das armas, não a mera ausência de competições civis e industriais, não o amainamento de reivindicações, pois estas coisas são apenas as cascas, a palha que voa ao vento durante o triturar da moendas *kármicas*. Se escapásseis da dívida *kármica* da guerra, levaríeis as almas dos homens ao reino da paz espiritual, onde cada qual contempla e encontra por si mesmo a Paz Divina.

Se, pelo menos, emulásseis as passadas silenciosas dos devas do ar, que vivem suas vidas não na negação do som e sim do canto, no qual cada momento é uma harmonia; cada pensamento pinta um quadro luzente na tela do céu; cada magna palpitação são murmúrios de regozijo! Quando falardes aos homens de nossa vinda, pedi-lhes esta graça em nosso nome: que cultivem a paz. A vida deve ser movimento; e o movimento, som; porém, que todos os sons da vida humana tragam harmonia e aprendam a tornar o caminho melodioso e suave. Ensinai-lhes a ouvir a música das árvores, mostrai-lhes como vivem os abetos, pinheiros e faias; balançando-se ao vento e cantando desde que existe o tempo, e em quaisquer circunstâncias são incapazes de estridências ou discórdias em seu canto.

Frequentemente nós vemos muito próxima a esperança de que sintais o ruflar de nossas asas; porém temos logo que nos afastar, repelidos, quase com horror, pelos sons e formas projetados por vossos hábitos de vida. Trabalhai na abolição de todo som que possa ferir o ouvido de uma criança na cidade, na rua, nos caminhos, na fábrica, na granja ou no campo, para remover pouco a pouco esta infranqueável barreira de ruídos que haveis erigido entre nosso mundo e o vosso. Ensinai vossa gente a cultivar a hora aprazível; a aprender a alegria da paz, o método da felicidade silenciosa; porque estas são evidentemente as sendas da vida humana e deveriam ser a expressão natural de vossa vida. Se não as atingistes, como vamos nós ensinar as sendas mais profundas da paz, o caminho super-humano, como conduzir-vos dos vossos eus normais para o reino em que se vê Deus passeando em Seu jardim de paz?

Empreendei uma grande campanha, pedi a todos os que vierem mais tarde ajudar, para que esta grande onda de fealdade e violência cesse, pois é essencial esta mudança preliminar para a realização de nossos mútuos ideais. Nem mandados pelo Príncipe da Paz, nem plenos de amor do Senhor do Amor, poderemos vir enquanto não tranquilizardes vossas vidas e ouvirdes nosso chamado à vossa porta, nossas pisadas junto aos vossos corações. As discórdias e fealdades devem desaparecer do mundo; removê-las é vossa tarefa e nossa, porém, primeiro é vossa. Prometem-se recompensas desde o começo, porque ouvireis tal música, vereis tal beleza, que excederão aos mais nobres dos sonhos, quando nós viermos trazer nossas dádivas aos homens, dádivas que só podem ser ministradas a um mundo disposto a recebê-las, dádivas que não podem ser negadas uma vez feita a preparação, porque em todos os tempos as dádivas dos anjos têm sido a música e a beleza; toda qualidade e todo movimento de Deus dentro do anjo encontram expressão através delas. O amor mútuo entre nós se manifesta em estalos de canto; para nós, os grandes pensamentos são sinfonias; e ao respondermos ao amor com o amor e ao pensamento com o pensamento, todo o ar que nos rodeia se enche de tons e supertons, de harmonias, cantos, melodias e grandes corais. Nossas dádivas não são fabricadas como algo para expor, senão como belezas que não se podem reter; belezas que nascem completas, expressões naturais de nossas relações, de nossas vidas de amor e trabalho, em nosso próprio mundo.

Também vós fazeis quadros sempre que pensais; também vós fazeis música sempre que sentis, assim como a luz, cor e forma. E estas coisas podem brilhar resplandecentes e belas em vosso mundo; a beleza de sua música pode encher vossos ouvidos. E todas estas coisas vos rodeiam, modificadas, é verdade, porém não as conheceis. Não viveis para a beleza, vossas vidas não se dedicam a escutar um canto; ademais, prejudicais vossos cantos, vossas formas, vossa luz, pela cobiça, egoísmo e vício. Estes erros desapareceriam prontamente se apenas ouvísseis e vísseis os monstruosos sons e figuras que eles emitem.

Vendo tudo isso, como vemos, ainda vos admirais de que os anjos chorem ao contemplar Deuses caídos?

CAPÍTULO VII

A EDUCAÇÃO

Eis o método do professor: primeiro, elevar a alma; segundo, expandir a mente; terceiro, avivar o entendimento, e quarto, coordenar corpo, mente e alma.

Para ensinar-vos, devo primeiro convidar-vos a subir ao reino da alegria[8], para vos manterdes na presença do conhecimento. O conhecimento é a verdade disposta em sequências; é a verdade refletida na alma humana; é o aspecto vital do aprendizado; os dois nunca devem ser confundidos. O conhecimento é a síntese de tudo o que o aprendizado dá; é a unidade que encontra expressão no reino das ideias.

O conhecimento difere da sabedoria; a sabedoria cresce a todo instante; o conhecimento é estacionário; a sabedoria é o eu do conhecimento; o conhecimento é sabedoria expressa em ideias; a sabedoria é inata na alma humana; a alma humana pode adquirir o conhecimento. Uma vez obtido o conhecimento, não mais é ele requerido; o conhecimento só é útil como chave para abrir a sabedoria oculta. O conhecimento pertence ao irreal; a sabedoria ao real. O conhecimento morre; a sabedoria é eterna.

O conhecimento é o aroma; a sabedoria é a flor. O conhecimento é luz; a sabedoria é o sol. O conhecimento é a pintura; a sabedoria é a visão; a alma do homem é o artista.

---

8 Veja-se Capítulo VIII. (N.ed.bras.)

Para o professor, o aluno é o artista que traduzirá a sabedoria em conhecimento, depois de adquirir a primeira pelo segundo. O professor deve ensinar sabedoria, não conhecimento. A missão do professor é elevar o aluno, pô-lo em presença do conhecimento para que possa estender sua mão a esse conhecimento, como o desejar; o professor vigia-o sempre, orientando a seleção e influenciando a expressão do que é adquirido. Quando o aluno se familiarizou com o conhecimento, o professor lhe ensina a usá-lo como uma chave para abrir a sabedoria oculta.

À medida que as portas se abrem e a sabedoria se revela, o professor afasta-se, e daí em diante vigia de longe.

A sabedoria não pode revelar-se enquanto a alma não se eleva; portanto, os que têm de se dedicar ao ensino devem primeiro aprender a erguer os corações dos homens. O ensino deveria começar pela oração, para que o aluno pudesse aprender a libertar sua alma das coisas terrenas. Sendo livre, pode subir nas asas da oração para elevar sua alma. Elevando-a às alturas onde mora o conhecimento, o professor deve amparar o aluno com a mão, até este aprender a equilibrar-se naquela região em que não está acostumado.

Então – e só então – o professor pode começar a ensinar. Não existe mais que um método para ensinar: a participação, porque é o método pelo qual Deus ensina, e todo professor deve ser para o aluno como um Deus. A arte de ensinar é a arte de Deus. Tal é o Seu desígnio em Seu universo: educar. Todos os professores deveriam aspirar a assemelhar-se a Deus, porque, sendo Deuses em miniatura, toda a sua obra se torna divina.

Os professores de uma nação deveriam ser os seus filhos mais nobres, os seus maiores homens. Deveriam aprender a elevar suas almas, deveriam encontrar as veredas ocultas da mente, que conduzem do cérebro à sabedoria, da sabedoria outra vez ao cérebro. Deveriam empregá-las diariamente para que todas as veredas da carne, do sentimento, do pensamento, das ideias e sabedoria fossem como que terrenos familiares. O professor deve inspecionar estes terrenos cada um por vez, até que tenha destilado a essência de todos eles; tenha aprendido a manter-se livre em cada mundo. Então – e só então – pode verdadeiramente educar. Só então pode guiar os pés de seus alunos pela senda que ele trilhou; e depois deixá-los livres para se utilizarem por si mesmos da senda.

Para o professor, o mais elevado é a sabedoria; para o aluno, a vontade. O professor não deve começar a ensinar enquanto não tiver tocado o máximo, para não errar nas coisas mínimas; mas tendo aprendido o segredo pelo qual a sabedoria é revelada, e tendo conservado a vereda livre e se apoiado na sabedoria, ele pode ordenar todas as ações no mundo inferior, segundo o que foi por ela decretado. Então será digno de ensinar, pois a sabedoria não pode errar.

Com sabedoria examinará o corpo de seu aluno, especialmente seu cérebro, o órgão com o qual ele está relacionado; ordenará toda a vida terrena do aluno para que cérebro e corpo se desenvolvam de modo a expressar sabedoria, pois nada menos que isso deve ser o seu propósito. O corpo deve ser flexível, esbelto, livre; o cérebro elástico, sensível, responsivo ao que é elevado, negativo ao que é baixo. Dia a dia, aliás, mesmo, hora a hora, o professor deve vigiar cuidadosamente o crescimento do corpo e do cérebro. A vida terrena deve estar sempre repleta de alegria, sem permitir a menor sombra de dor, pois a dor é a instrutora do amadurecimento; a dor é a professora dos anos posteriores do aluno, e não da sua juventude.

As qualidades de alegria e liberdade devem ser desenvolvidas ao máximo na criança; isso é essencial ao êxito final. Se estas faltarem, o crescimento será desvirtuado, o cérebro e o corpo endurecerão, as faculdades superiores se embotarão. A alimentação e as roupas das crianças devem ser leves, mas contendo também elementos de resistência. A pureza deve rodeá-las desde o nascimento; tudo o que é grosseiro deve ser rigorosamente eliminado. Só assim se pode criar um corpo ágil, forte, puro, alegre e livre. Tendo estas qualidades, fatores fundamentais do crescimento, tudo o mais seguirá naturalmente; a virtude se desenvolverá e o vício não vingará.

Nestes princípios fundamentais para o professor, deve basear-se o currículo. Se o aluno erra, responsabilize-se o mestre; não acertou no ensinar, falhou na partilha dos conhecimentos, o que significa que não amou. Sem amor ninguém deve pôr-se a ensinar.

Como Deus vela pelo crescimento de Seu universo, partilhando com ele Sua vida, Sua sabedoria e Sua alegria, assim deve fazer também o professor, meditando continuamente, repartindo sua visão e sabedoria com o aluno. À medida que vê seus numerosos alunos crescerem em vigor e graça terrenas, em dotes mentais, em sabedoria celestial, deve prestar acurada atenção na diversidade de dons e caráter que cada um desenvolve ao crescer. Só por acurado estudo e hábil discernimento pode ele escolher e colocar cada um em seu grupo material, para formar classes. Só poderão agrupar-se assim aqueles cujos dotes e caráter demandem um método similar.

Uma das tarefas mais difíceis e importantes do professor é o agrupamento dos alunos em classes. Não deve agrupá-los por idade ou matéria a ser ensinada, e sim, pelo seu caráter inato. Formados assim os grupos convenientes, podem ser misturados ou mesmo permutados, porém, em tudo o que afeta a estreita relação entre mestre e discípulo deve ser mantida uma agrupação adequada. E o mesmo deve ser feito no mundo do pensamento e sentimento; é com a mais alta sabedoria que devem ser aplicadas as bases fundamentais da arte do mestre. Quando ele transmite o conhecimento, deve, ao mesmo tempo, mostrar aos alunos como adquirir conhecimentos por si mesmo. Assim é que quando eu vos elevo à região da alegria e vos franqueio todo o seu vasto domínio, vos mostro também como abrirdes plenamente vossos olhos, de sorte que por vós mesmos possais ver. Pois esta é a tarefa do professor.

CAPÍTULO VIII

A ALEGRIA

Quero cantar-vos alegria, a alegria dos Deuses ao se revelarem no reino da alegria.

O reino da alegria é o reino dos sonhos, onde todo sonho se mostra verdadeiro, onde todo pensamento e resposta se estremecem de alegria.

O reino da alegria é o reino dos Deuses; ali vive o Deus que reside no homem, porque os homens são Deuses, e a parcela Divina mora no reino dos Deuses.

O reino da alegria estende-se além da mente, até os portais da paz eterna.

Os anjos partilham deste reino com os homens, e estes são os Deuses a cantar.

Frêmitos de alegria enchem o ar; da alegria vivemos e respiramos.

Tudo ali está cheio de alegria, como botões se abrindo na primavera.

Por todo o reino há o frescor da manhã, do orvalho, do botão de flor.

Velozes, passam os anjos seguindo seu rumo, agitando as asas de alegria.

A natureza possui um sorriso perene, um sorriso sempre novo. Gargalhadas ressoam pelos bosques e vales, ante a alegria da eterna primavera.

Todo poder, toda visão, toda verdade, toda obra, toda vida, se expressa naquele reino em termos de alegria. Um esforço de vontade emite uma onda de contentamento em todo aquele reino: novas tarefas são acolhidas com o sorriso dos que saúdam seu amigo mais querido. Todo coração e toda alma se estremecem com a esfuziante alegria da primavera; vastos coros de anjos entoam cantos de alegria. Querubins e Serafins brincam alegremente, com seus rostos alados e resplandecentes de alegria. Naquele reino o pensamento é um poema.

O homem inferior deve unir-se com o superior no reino da alegria; ambos devem percorrer juntos os seus vicejantes lugares. O homem superior está sempre chamando o inferior: "Vem, vem ao reino da alegria". Assim que seus olhos se abrem, esplendores e mais esplendores lhe são revelados. Os Serafins flautistas e os trovadores Querubins cantam e tocam como em duetos em concerto no reino da alegria.

Nem olhos terrestres podem ver, nem ouvidos terrestres podem ouvir e obter a visão e a música daquele reino, nem as mãos terrestres do homem inferior podem jamais escrever acertadamente sua beleza e maravilha, seu êxtase, vivacidade e prazer. É o reino em que toda felicidade terrena tem seu nascimento; um simples estremecimento dentro dele dá nascimento a mil horas de felicidade no mundo inferior. Suas flores silvestres são as progenitoras das mais deliciosas flores da terra; suas árvores, agitando-se nas brisas vespertinas, enviam melodias divinas aos ouvidos inferiores dos homens.

O frescor primaveril do ar; os fragrantes ramos de lírios; os vastos oceanos de vítrias superfícies geladas, que refletem o sol do meio-dia; rios de cristal, arroios cujas águas são pedras preciosas, cascatas e cataratas cujos raios de sol quebrados resplandecem em milhares de prismas; ondas de espuma, chuvas de granizos diamantinos, cada gota é iluminada por um sol interior; altas árvores, vestidas de esmeralda como as augustas mães dos Deuses; nuvens animadas cabriolam como carneirinhos ao flutuarem pelo céu de imensidade arrebatadora; e perpétuas nuanças de cores, iluminadas por mil sóis poentes; ar balsâmico, flutuante e sonoro como a queda de um arroio; atmosfera de partículas que explodem constantemente, semeando radiações brilhantes, vitalidade e todos os perfumes refrescantes da primavera. Tal é o reino da alegria.

É um reino de formosos vales, montes empinados, vastos barrancos, grandes precipícios, cada rocha e pedra adornadas com mil joias, terra que é pigmento refletindo as nuanças do céu; toda partícula de terra é uma vida separada, um diamante em forma de coração, palpitante, transluzente, porém cheio de cor e luz. Cada sombra que passa no céu muda a cor da terra; rompe-se em mil cores por milhares de prismas da natureza. Ali não há desertos, e, no entanto, todo o reino é como um oásis, uma miragem que é verdadeira.

Naquele reino tão distante e ao mesmo tempo tão próximo, reside o eu imortal do homem. Ali anda todo o dia acompanhado de seu parente angélico, ambos animados pela alegria, cada um com sua personalidade. Ali não há distâncias, porque todo o mundo está ao seu lado; ali o tempo não passa, porque reina a eternidade. Tal é o reino em que vivem as almas dos homens; tal é o lar espiritual do homem.

Embora eu fale de reino, rio, céu, árvores que se balançam majestosamente, de precipícios e clareiras, de picos e planícies, isto nada é mais do que a essência destas coisas e não a sua forma, que constitui a variegada paisagem do reino da alegria. Porque é o reino da luz, onde todas as coisas são luz; ali não existe forma que pudésseis reconhecer como tal, e, no entanto, reconhece-se a forma pelo conhecimento da essência de toda forma. A beleza dá êxtase, resposta de estremecimento da alegria; neste mundo de alegria eterna não existem palavras, porque a alma dos homens não são mais que divisões de ideias, como as palavras são divisões do pensamento. Aqui não pode haver divisão, porque o reino da alegria é a unidade tornada manifesta, porém não na forma.

A unidade é a lei fundamental do reino da alegria. Todo o conhecimento que os homens adquirem pelo pensamento está aqui, sem necessidade do pensamento; todo o amor, o mais profundo que o possam sentir, está aqui, resplandecendo universalmente, não de um centro ou de uma parte, e sim, implícito em tudo. A música que conheceis pelo pensamento, o sentimento, o som, é um eco opaco e longínquo da música universal. Antes que esta música encontre verdadeira expressão nos mundos inferiores, todo átomo do mundo dos pensamentos, sentimento e matéria tem que aprender a cantar, de modo que nada exista que não seja música; mesmo os interstícios das partículas que constroem as formas devem estar repletas de canto. Antes que o homem inferior possa ouvir o portentoso som, deve ser novamente fabricado de átomos cantantes, para que possa ouvir o canto universal dos átomos.

Contudo, ainda então poderiam estar muito longe dele a visão e o som do reino da alegria, porque ali, pensamento, amor, beleza e música são um e indivisíveis; permutáveis em seus instintos, inseparáveis em sua quádrupla vida-forma; e além disso, unos.

Toda ideação humana nos mundos inferiores é aqui uma coisa vivente, contida por completo em todas as suas possibilidades num relâmpago, desde o nascimento até a última expressão e plena maturação, e mais além, até o desvanecimento do poder e ainda até a sua morte. Nascimento, maturidade, morte, as três coisas são aqui conhecidas como uma. Neste reino onde reina a alegria moram as ideações do universo; são a essência destilada gota a gota da consciência de Deus; aqui, o eu imortal do homem verte sobre o homem inferior os aromas daquelas essências preciosas, as fragrâncias daqueles perfumes.

Assim que o homem inferior aspira o delicioso aroma do mundo do pensamento, nasce um sistema de filosofia, forma-se uma sinfonia, liberta-se um enorme dilúvio de gênio.

O fogo criador, que impele o artista, alimenta-se das pétalas das flores das quais estes perfumes se destilam; porque as flores terrestres nada mais são do que a incorporação sólida das ideações do universo. No reino da alegria não existe mais do que perfume, a essência de todos os perfumes do mundo inferior, que a todos contém.

Os anjos que descem nos mundos inferiores, onde um dia reinará a alegria celestial, levam em suas mãos incensários que exalam perfumes trazidos do alto. Ao voar, fazem-nos oscilar, enchendo o mundo de pensamentos e sentimentos com o seu poder. Assim que os eus pensantes e sensíveis dos homens aspiram o poder perfumado, grandes feitos de heroísmo e amor nascem no mundo da carne. A mãe estreita contra o seu peito o seu nenê, pronta a dar por ele sua vida, se for necessário; a escrava que labuta com o coração revoltado, vendo ante si uma vida de trabalho ingrato, toma novo ânimo: vê o marido cansado, os filhos enfermos, mas continua trabalhando. Ao redor dela se agrupam os anjos e a inundam com seu perfume; a rebelião passa e vem a paz; pela manhã se desperta com nova coragem para continuar hora a hora o heroísmo de sua vida diária. Deste heroísmo, os anjos cantam, e o canto é ouvido no reino da alegria, e o eu imortal sorri sabendo que logo virá a hora em que o eu inferior e o eu superior serão um, ciente de que seu "filho" terreno voltará ao lar, carregado de bênçãos, dons que acrescentarão novo esplendor, novo prazer e novo poder ao êxtase pelo qual ele encontra expressão no reino da alegria.

A toda pessoa humana, em todo o curso de sua vida, nos mundos inferiores, os anjos assistem, levando-lhe seu perfume, o aroma do êxtase eterno. Querem despertar em todos os corações humanos um anseio por este aroma; querem dar aos homens o conhecimento que possuem do lar celestial; querem lhes mostrar no espelho da mente o reflexo do seu eu celestial, a visão de sua própria imortalidade.

Esta é também a missão de todo mestre entre os homens, de todo pregador, curador, filósofo, artista, cientista, estadista e rei. Todos têm por missão, se o entendem corretamente, revelar ao homem seu inerente esplendor; conduzi-lo através das tristezas de sua vida terrena até seu lar espiritual, o reino da alegria.

CAPÍTULO IX

A VISÃO

Todo trabalho deve ser executado à luz de uma visão, e nenhum deve ser empreendido sem tê-la obtido. Por bem traçados que sejam os planos, falharão se não forem baseados na visão. A visão é relativa e depende de graus. Não é coisa fixa, porém muda com o passar dos minutos, e deve ser renovada continuamente. A visão é o contato do pequeno eu com o grande eu. É o conhecimento das ideias divinas.

Antes do nascimento das estrelas, antes do crescimento dos mundos, a visão veio. A visão é anterior às coisas manifestadas e imanifestadas. A visão veio antes do primeiro ato de Deus; é a vida do imanifestado e o mundo em que habita. A visão revela o plano, é a essência do real, aquilo que brotou e que cresceu, aquilo pelo qual se realiza a última expressão. A visão regula a marcha das esferas, guia o universo, governa o cosmos; atrás de toda a multidão de estrelas e mundos e através da infinidade do espaço, está a visão. Se sondardes o coração mais recôndito de Deus, vereis Ele sentado em meio da visão, visão que é o coração do real; de Sua visão procede o real, e do real, o irreal.

A visão passa à manifestação através do imanifestado; e se quisésseis escapar dos confins do universo em busca do Cosmos, em busca do Absoluto, o que encontraríeis é a visão, tão vasta, tão completamente inclusiva, tão infinita, que vos pareceria uma obscuridade, que vos faria retroceder; obscuridade e silêncio tão profundos que excluem toda possibilidade de luz e som, quietude tão absoluta que exclui toda possibilidade de movimento.

Assim é a visão do Absoluto. Vossas asas não vos podem fazer voar através de seus espaços vazios; não podeis cair em suas obscuras profundidades; vossos olhos não podem penetrar em sua total obscuridade; já não vos servem as asas, os olhos, a voz; deveis voltar atrás anelando som, luz e movimento. Porém, o que para vós é negação positiva, é a visão donde saem todos os universos. Descei, pois, uma vez mais, ao vosso mundo, onde encontrareis um reflexo da obscuridade que podeis compreender; pois, ao olhar em sua profundidade, aparecerá a visão e conhecereis tudo o que foi, é e será; a visão do Agora, aquilo que se encontra atrás da eternidade.

Nenhum homem a possui; nem os Regentes - mesmo de sistemas de mundos - podem reclamá-la como sua, porque eles próprios não são mais do que sombras que aparecem em suas obscuras profundidades. No entanto, não é desvanecível, nem aérea, nem etérea, nem mudará nunca: É.

O ponto mais elevado dentro de vós é apenas um reflexo dessa visão; toda célula de qualquer mundo é disposta por ela. Vós, eu e tudo o que vive somos dispostos por essa visão em nosso envolvimento e desenvolvimento. Não é Deus, porque mesmo Deus, seja homem, anjo, mundo, ou mesmo Regente de mundos, ou ainda Regentes de Regentes de mundos, tem que se conformar com ela. De onde ela veio não se sabe, nem se saberá jamais; está além de todo conhecimento, mesmo do Supremo. É ao mesmo tempo ápice, base e lados da pirâmide de todas as coisas manifestadas e imanifestadas.

Enquanto homens, anjos, mundos e Regentes de mundos retornam da manifestação ao imanifestado, a visão permanece; ela é imutável em suas diversas leis.

Assim, pois, meus irmãos, em todas as coisas procuremos a visão. Sempre que nossos olhos pousam numa forma, procuremos sua visão; e quando ouvimos um som ou vemos uma luz ou captamos ideias, ou mesmo por breves instantes tocamos na realidade, recordemo-nos de que atrás de tudo isso está a visão, e lembrando-nos, aplicamos nossas energias com infatigável diligência, até achá-la; uma vez achada, a chave do conhecimento é revelada. Não está aqui, nem ali, nem algures, e sim, em toda a parte. Quando contemplais a beleza, contemplais o Eu, e quando contemplais o Eu, vós contemplais a vós mesmos, e atrás dos eus maiores e menores está a visão. A visão que tendes, os sonhos de vidas futuras, o esplendor de grandes planos, o impulso interno para trilhar a senda, para encontrar a meta, o anseio de vosso coração para aperfeiçoar o mundo, para curar os enfermos, para aliviar toda dor, para destruir a ignorância do homem; a visão de tudo isso em vós é um débil reflexo da que vê Aquele que é a soma de tudo o que existe. Pois atrás d'Aquele também está a visão.

Há uma ordem gradativa incluindo todas as visões, grandes e pequenas. Lembrai-vos disso e procurai sempre pôr à prova vossa pequena partícula, elevando-a etapa por etapa pelas ordens gradativas que conduzem do irreal ao real e do real à visão. Assim como nenhuma visão que vós possais ter é comparável à do regente de vosso mundo, assim não se compara Sua visão com a de que ela brota.

Buscai a visão em todas as vossas vidas, em todos os vossos mundos. Atrás do átomo, da gema, da planta em crescimento e da vigorosa árvore, atrás do cervo e também do leão e do tigre, atrás do anjo e do homem, atrás do arcanjo e Senhores Solares, há visão. Enquanto não a encontrardes, vossa alma não terá descanso. A vista, mesmo a mental, está para ela como as ideias de um mundo para a infinidade de ideações que existem atrás dos mundos.

Contudo, a vista é o instrumento com que se pode conhecê-la; pois existe uma ordem gradativa de vista, uma escala de visão serpeando em espiral sem fim através de todos os mundos e de todo o espaço. Em alguma parte desta infinitamente esplêndida espiral está a vista física; mais além, a mental, a visão da mente; e depois, a espiritual, que conduz à vista universal e dali à cósmica; e mais além, a vista desconhecida que não tem fim; que em alguma parte do ignoto infinito o máximo e o mínimo se encontram. Não há nada separando a vista máxima da mínima, nem são diferentes, exceto em mostrar-se em cada alma individual.

Este é o ponto de partida de toda busca; que tudo quanto possa mostrar-se através de nós é nosso; porque também dentro do homem pode ser encontrada esta enorme espiral, não dele, mas passando através dele, serpeando seu curso desde baixo, entrando, por assim dizer, pelos seus pés, e serpeando por ele até sair por cima de sua cabeça e entrar no eu mais profundo. Por todas as coisas passam estas espirais; ao longo destas todas as coisas devem ascender em seu interior. Estas espirais menores estão para as potentes curvas da escada Cósmica como os seus reflexos circulares para o arco-íris, não o arco-íris em si, mas expressões de sua luz. Atrás das curvas menores e maiores está a visão – a visão da espiral total.

CAPÍTULO X

A PERFEIÇÃO

Se encontrades e trilhardes esta senda, fazei com que tudo o que fizerdes seja feito com perfeição e eficiência. Ausência de perfeição é negação de divindade. Assim como a divindade está implícita em todo o universo, a perfeição há de se encontrar em toda obra vossa. Estabelecei um padrão para vós mesmos. Ausência de perfeição significa dissipação de forças, uma vez que sem ela nenhuma obra pode ser precisa em seus contornos, completa em sua expressão.

A obra deve ser considerada como um recipiente que contém força, a força da ideia atrás dela. A perfeição dá ao recipiente um contorno perfeito. Quando o contorno de uma forma é perfeito, não há perda de força. A obra deve ser considerada como um cálice erguido até a mente, para receber, por meio desta, a força da ideia da qual a obra é a última expressão. Se a obra não é perfeita, o cálice estará malformado e o vinho se entornará; por conseguinte, trabalhai sempre com perfeição. Assim trabalha Deus em todo o Seu universo, onde nem a mínima partícula deixa de levar a impressão de Sua mente. Nada, por ínfimo que seja, é descurado; nada há, por grande que seja, que não esteja totalmente penetrado por sua mente e dentro do seu alcance. Ele faz de Seu universo um cálice perfeito. Sob Seu domínio, nenhuma força é jamais desperdiçada. Assim trabalham também os Seus ministros, as hierarquias de arcanjos e anjos perfeitos; Seus Santos Seres, as Suas mãos direita e esquerda.

O único ideal pelo qual o homem pode lutar dignamente é o de unir-se às fileiras dos ministros de Deus, sejam de natureza humana ou angélica. Esse ideal só pode ser conseguido pela acertada imitação de Seus métodos. A tônica de Sua obra é perfeição; seja essa também a vossa tônica. Sem ela não se pode realizar o mais elevado, se vossa obra concerne aos detalhes da vida, trabalhai com atenção infinitamente cuidadosa pelo detalhe; se operais em planos mais vastos, em extensões mais amplas, planejai com igual perfeição. Assim vossa obra incorporará a força da ideia em que está baseada; assim conseguireis êxito.

É essencial que a ideia seja verdadeira; isto é, uma expressão da ideia divina. Então será uma fonte de força e dará um poder, uma energia dinâmica à obra, que é sua última expressão elevando-a às alturas dignas de um trabalhador que aspira a servir com a mão de Deus. A ideia representa o cérebro, e o trabalhador, a mão de Deus.

Nesta concepção buscai toda a vossa obra. Assim obtereis grandeza; assim vivereis de acordo com o mais elevado; assim a verdade será vossa, assim entrareis no reino da alegria para viver sempre ali, pois alegria e trabalho são sinônimos no reino da alegria. Não há alegria sem trabalho; todo trabalho é alegria; portanto, irmãos meus, quando trabalhais, recordai-vos da alegria. Procurai fazer de vosso mundo uma reprodução do reino da alegria. Mantendo a alegria no ponto mais alto, inundai vossa casa de alegria, e também vosso jardim. Que a alegria invada vossa vizinhança. Pregai, ensinai, inculcai alegria, erguei-a alto; colocai-a diante dos olhos dos homens; tornai-vos suas incorporações. Assim podereis levar a sensação do reino da alegria até os corações e as mentes dos homens.

Cessai de dividir vosso mundo e trabalho em compartimentos. Exercitai em ver em todas as coisas uma expressão do Uno. Praticai o descobrimento de sinônimos e diverti-vos em emparelhá-los. Não puleis do trabalho ao recreio, do recreio à oração, da oração ao culto, da igreja ao recreio. Fazei todas essas e outras coisas como oriundas de um centro do qual são vistas como uma só, como o são de fato. Assim dareis um novo significado à vida. Acima de todas as demais coisas estão as necessidades de vossa raça. Perdestes o sentido da unidade; venceu-vos a ilusão da diversidade; estais escravizados pela aparente separatividade das coisas. Perdestes, assim, o significado e a verdadeira visão da vida. Esta visão deve ser recuperada antes de se obter qualquer progresso. A tônica da verdadeira visão do sentido da vida é a unidade na diversidade; portanto, deveis também ensinar a unidade.

A unidade é o mais intangível de todos os atributos. Tentai agarrá-la no mundo inferior e ela vos escapará. Portanto, deveis sobrepor-vos à diversidade, colocar-vos além das formas e das ideias, deixando para trás mesmo o reino da alegria, pois que alegria não passa de uma ideia. Quando o último vestígio de uma ideia tiver sido varrido de vossa alma, então a unidade poderá ser encontrada.

CAPÍTULO XI

A UNIDADE

Como existe o reino da alegria, há também um mundo onde a diversidade não existe; onde só há a unidade. É superior ao reino da alegria, pois se a alegria é o reino das ideias universais, a unidade está atrás das ideias. Não podeis falar com nenhuma exatidão acerca deste reino, porque as palavras são diversidades. Portanto, só uma palavra serve para a denominação deste reino: é o reino da unidade. Não somente não há necessidade ali de outras palavras; não existem outras palavras, pois só a palavra "unidade" expressa tudo. Analisar é perdê-la, sintetizar é perdê-la; a unidade não pode ser analisada nem sintetizada: é una.

O que se há de utilizar então nos mundos inferiores? Isto: obtendo-lhe o sabor. O *sabor* da unidade pode ser provado pela mente, e ainda pode expressar-se em ação como *esforço* mútuo. Sempre que há um esforço mútuo nos mundos inferiores, é que os homens captam o sabor da unidade. Nos mundos superiores, acima da mente, nenhuma outra coisa existe, porque eles se acham mais próximos do mundo da unidade: a unidade é sua verdadeira vida. Sobre ela, talvez uma sentença a exprima com acerto: é a incorporação da vontade de Deus. Desta vontade irresistível nada pode saber o homem dos mundos inferiores. Que ela manifesta todas, que mantém todas coisas em existência, que é o poder impulsionante por trás de toda a vida, estas coisas se podem saber, mas são seus atributos e não a vontade em si. Pela vontade, o homem pode elevar-se através do pensamento, através do reino das ideias e ainda através da unidade, até o puro Eu. Então ele pode conhecer a vontade de Deus.

Este é um caminho que todo homem pode tomar imediatamente, um caminho que algum dia ele tomará irremissivelmente. Se ele quer abreviar a jornada no mundo da forma, se sua alma está farta de forma e separação, precisa voltar ao caminho por onde veio, o antigo e bem trilhado caminho, o caminho que tantos de sua raça e da nossa têm palmilhado. Este caminho está a seus pés; deve seguir nele. Este caminho passa pelo seu coração, ele terá de pagar pedágio com o sangue de seu coração. Este conduz por meio de sua mente; ele precisa estar disposto a deixar de lado sua mente. Então encontrará a ponte, a ponte tão difícil de atravessar, porque o caminho é muito estreito ali; porém, cada passo dado, alarga-o.

A raça humana se encontra hoje nas proximidades desta ponte. A etapa seguinte na evolução da mente humana levará à travessia da ponte; conduz do concreto ao abstrato, do pensamento à ideia, da separação à união, da forma à informidade, do impermanente ao permanente, do mortal ao imortal, do ilusório ao real, do temporal ao eterno, do que fenece ao que é imperecível; do homem natural ao espiritual, do "não eu" ao "Eu!". É a ponte que foi atravessada por todos os santos, é a linha divisória entre espírito e mente. Não é um lugar, é um estado; não é exterior, está dentro.

Atravessada a ponte, os lugares desaparecem; restam apenas estados de consciência. Quem quer atravessá-la, deve deixar-se ficar atrás; primeiro, porque nenhum eu separado pode entrar no estado de união com o Uno; e segundo, porque o eu deve permanecer nos mundos inferiores como mensageiro e embaixador entre ambos os reinos separados pela ponte. Tendo pago pedágio com o sangue do seu coração, estando disposto a deixar de lado sua mente, o homem deve avançar para a ponte intrepidamente, como bravo peregrino, e imediatamente estará do outro lado.

A ponte não mais o sustentará; só ao atravessá-la ele poderá utilizar-se do seu apoio. Atravessada a ponte, estará no reino da alegria, onde a dor é deixada atrás para sempre, onde a separação é desconhecida, onde reside o conhecimento. Assim ele chega ao primeiro lugar de repouso. Aqui encontrará a paz; aqui renovará a coragem e força para as sucessivas etapas de sua peregrinação; aqui inspecionará o caminho percorrido: o passado e o presente serão um só; aqui poderá apreciar o futuro, recolher as numerosas correntes de energia que libertou no passado e reuni-las numa só.

Agora ele começará a dirigir esta única corrente de energia. Não flutuará mais sobre as ondas à mercê da correnteza; daí por diante terá domínio sobre ele mesmo. Conhecendo o passado, estará de posse do futuro. Aqui juntará os produtos de suas inúmeras vidas e calculará o seu valor; aqui equilibrará as causas e os efeitos; aqui começará a ser o Regente de ambos, reconhecendo-os como um; aqui resumirá num todo as experiências zodiacais de suas muitas vidas.

Assim, depois de atravessada a ponte; ele viverá, ele trabalhará, conhecendo o seu eu inferior (o homem que ele deixou para trás, nos mundos da forma, sob a ponte) como seu instrumento. Daí em diante, ele deverá empregar o homem inferior como um instrumento seu. A sua vontade tem de atuar sobre a mente, o sentimento e o corpo, rendendo-os ao silêncio, privados de toda volição própria, ensinando-os a responder prontamente ao seu mais tênue pensamento, desenvolvendo-lhes, ao máximo, o automatismo, de modo que trabalhem no mundo da forma tão perfeitamente como se ele mesmo os empregasse.

Aquela porção dele mesmo que ele enviou para baixo, envolta na forma para que a forma pudesse ser dominada, agora ele a retira, deixando o corpo despojado do eu, nada mais sendo que um instrumento. Mais tarde ele vai retirar ainda mais. É, pois, da maior importância que desde o princípio a forma seja governada, aperfeiçoada, exercitada e preparada para ser deixada à sua vontade, de acordo com a sua liberdade requerida nos mundos superiores, pronta a ser retomada para servir com absoluta eficiência. Este é o seu dever no mundo da forma.

Ele fará seu trabalho com facilidade, porque agora seu trabalho já é conduzido de cima. Não é mais uma corrente de pensamento ou uma elevação de sentimento, ou um impulso da carne associada com eles. Ele os reconhece como "não eu", repudia suas pretensões e governa o pensamento, o sentimento e a carne com sua vontade liberta. Nada mais são do que um pincel com o qual ele pinta, nos mundos inferiores, a visão que é sua dos outros mundos além da ponte. Aponta com lápis para desenhar corretamente o padrão que tecerá esses governadores ilusórios dos mundos inferiores na tela do tempo e do espaço.

São estas as lições que ele precisa aprender antes que, uma vez mais, tome o caminho que o levará à libertação do domínio do tempo, espaço e forma. Ele toma seus corpos um por um, aperfeiçoando-os como um mecânico afia e ajusta suas ferramentas para que lhe possam servir perfeitamente, sem falhar em tarefa alguma em que ponha a mão. O corpo deve tornar-se puro, ligeiro, responsivo, pontual e dominado; deve estar despreocupado. Em todo nervo, tendão e músculo, em todo órgão, em toda carne, pele e ossos deve reinar o bem-estar, perfeito equilíbrio, sossego total. Deve conservar sua força vital como joia preciosa no mundo inferior. Sem ela, o mais refinado corpo será inútil; com ela, podem-se fazer todas as coisas. É a força vital da forma em que ele mesmo se acha imanente.

Ele utilizará apenas a porção do corpo demandada pela tarefa imediata; o restante repousará no depósito de força vital. Assim obterá saúde, assim desenvolverá o gênero especial de força necessária para manifestar através da forma, nos mundos inferiores, o poder da visão e o poder adquirido além da ponte. Desta forma se afinará a ponta do lápis, assim ele se assegurará contra o erro, por falha do instrumento. Este trabalho não será novo para ele, porque, havendo tido vislumbres de visão da região ulterior da ponte durante muitas vidas antes de atravessá-la, foi preparado com o conhecimento e poder que conseguiu dominar enquanto preso aos mundos inferiores. Seu eu real, imortal, com o qual está agora unido e identificado, influiu sobre ele constantemente por incubação e sugestão, pela atmosfera, pela visão, pelo sonho, para que pudesse preparar-se.

Ele cultiva e refina seus sentimentos e pensamentos, tornando-os responsivos somente ao superior, eliminando tudo o que possa responder ao inferior. Tendo erigido e aperfeiçoado desta forma a pirâmide invertida, ele procede à decoração e ao aperfeiçoamento do superior, a fim de preparar-se para a próxima etapa da jornada.

Assim, somente assim, pode o homem inferior regenerar-se nos mundos inferiores. Esse é o significado da nova vida. O homem deve morrer para o seu eu inferior, a fim de poder alcançar novo nascimento no eu superior. Assim como ao morrer na Terra, ele encontra nascimento nos mundos do sentimento e do pensamento, pode-se também dizer que ele morre ao retrair-se da soberania da forma. Não o colocam numa sepultura nem seu corpo desaparece da vista dos homens; porém, em verdade, ele morre. Este é o significado da crucificação: a morte, essencial ao nascimento. Todo homem tem de percorrer o caminho que o Salvador percorreu.

Há uma ordem cíclica neste nascimento e morte. A crucificação no final do ciclo conduz ao nascimento no começo do seguinte. Nas espirais sem fim deve repetir-se o grande drama, ascendendo sempre o homem ao representá-lo. Pode-se bem chamar de crucificação, porque a morte na cruz dos mundos materiais tem de ser repetida dia a dia, hora a hora, minuto a minuto, por quem quer trilhar a Senda.

Não creia o homem que pode ocultar-se atrás de um texto ou dar um passo na escada em espiral, confiando nas aflições dos outros, embora sejam grandes personagens. Esta ilusão é que tem retardado o progresso do mundo ocidental: que pelos sofrimentos de outrem possam ser esquecidos os seus pecados, com os quais, no entanto, ele é autoindulgente; que, banhando-se no sangue alheio, possa chegar aos pés de Deus. Ensinamentos tais podem trazer conforto às massas, pois em seu bojo subsiste uma verdade, conquanto muito distorcida. Mas quem quer salvar as massas tem que pôr de lado esses ensinamentos; confiando só na força de sua divindade inerente, pode encontrar e trilhar a Senda.

Quando a grande determinação houver nascido dentro de seu coração; quando tiver dado o primeiro passo, ele contará com o auxílio de muito Salvadores, e com ele compartilharão Seu sangue. Esta é a verdadeira unificação que um dia será aprendida. Eles, os Homens Libertos, os Grandes Seres da Terra, os Santos Perfeitos, os Santos Seres de Deus, os Guias e Mestres das grandes hostes angélicas, os Regentes Internos do mundo, as Sentinelas que jamais adormecem; Aqueles cujas mãos nunca se cansam, não obstante estarem sempre cheias de trabalhos pelo mundo e cujos olhos estão plenos de compaixão, poder, amor e infinita bondade... Eles permanecem, ordens sobre ordens, vivendo em reinos além do reino de paz e alegria, em perfeita unidade com Aquele de Quem nasceram. Eles e Suas hostes angélicas saúdam o peregrino; enviam-lhe força, carinho e conforto em suas provas. Eles lhe emprestam anjos para guiá-los na Senda. Eles sorriem a cada uma de suas quedas, sabendo que seus próprios êxitos cresceram em grande parte de suas quedas. Eles lhe escondem dos olhos o esplendor de seus próprios sucessos, receosos de que o orgulho o dispa da humildade. Se de Suas esplêndidas alturas Lhes fosse possível sentir um toque de medo, este medo seria em relação a quem tentasse a Senda sem haver ainda morrido para o orgulho.

Ajudado pela luz dos Grandes Seres, seus grandes precursores, tendo se afastado da ignorância e superstição das massas, potente na força de sua divindade, o peregrino sobe a montanha, aprendendo a morrer continuamente, crucificando-se voluntariamente nos mundos da forma para nascer nos mundos sem forma. Mortifica sua carne, porém não na cova do ermitão nem na cela monástica, nem em penitências que destroem a beleza pura da carne. Mortifica-se pela inteligência e vontade; seu ascetismo é o autorrefreamento em tudo; sua penitência é o sacrifício de tudo o que possa embaraçar seu progresso na Senda; porém, não conhece tortura, e muito raramente, em seus primeiros dias, sente angústias da alma.

Embora morra assim continuamente e sofra todas as angústias da morte, não é infeliz. Está repleto de alegria, porque sabe que toda angústia que sente, todo espinho ou lança que o fere, aumentam seu poder; quanto mais sangue verte de suas feridas para o mundo inferior, tanto mais sangue lhe flui.

Assim chega ele a conhecer o mistério das mãos, pés e outras partes laceradas. Sabe que só quando suas mãos forem atravessadas por espinhos, poderá estendê-las e salvar o mundo; que só quando seu corpo estiver curvado sob a cruz, poderá sustentar seu peso e seguir o seu caminho; que só quando levar a coroa de espinhos, poderá emanar de si o régio poder. Sabe que só quando seu lado tiver sido lanceado, só quando a lança do soldado (símbolo da contenda, separação e dor) lhe tocar o coração, poderá pagar o pedágio para percorrer o caminho; que dando o sangue de sua vida, vai se aproximando mais do reino da alegria, onde a luta, a separação e a dor já não o podem ferir. No próprio ato de dar, ouve o eco das vozes dos cantos dos anjos naquele reino. Em meio à obscuridade e dor, lhe vem um raio de luz, como de uma vela acesa na janela de seu lar espiritual.

Assim, sempre que ele morre ou se crucifica nos mundos da forma, os homens se assombram de sua firmeza, de que mesmo em meio ao sofrimento sorria, de que mesmo nas trevas da agonia, seus olhos brilhem. Os homens não sabem, nem podem saber, que ele ouve a música e tem a visão do mundo superior, e que, ante esta música e alegria, a dor desaparece. Embora a Senda esteja cheia de dor, também poderá chamar-se Senda da alegria. Pode-se acrescentar que a alegria é maior do que a dor; a luz maior que a obscuridade. A lua, antes de ocultar-se, estampa em sua face os primeiros raios do sol nascente.

Tratei de expor a história do homem imortal, que voluntariamente se submeteu à reclusão na forma, o terrível fardo da carne. Tendo suportado a prisão da carne por muitas vidas, através de muitos séculos, agora cuida de colher os frutos. Para isso terá de separar sua parte imortal da mortalidade em que andou encerrado; terá de modificar o hábito de um milhar de vidas e de se libertar da forma. O Salvador o chamou pródigo.

Assim percorre a Senda, suspirando sempre pelo embelezamento, cultivo e refinamento de seus veículos, seus instrumentos, para que, depois de morto para eles e para o seu domínio, e obtido seu nascimento em outros mundos, ele possa usá-los e neles encontrar um diamante de muitas facetas que pode polir mais ainda, cujas muitas facetas pode agora aperfeiçoar, para que, através de sua beleza transluzente, a nova glória, que é sua, possa brilhar para auxílio de seu próximo. Tal é a sua atitude para com o corpo e a forma; sempre os vê como material para aperfeiçoar e embelezar.

Este é o quadro de seu crescimento interno e externo. Dentro, percorre a Senda, encontra a ponte, atravessa-a e identifica-se com aquilo de que é um fragmento; e reconhece-se como parcela encarnada, um raio isolado da luz dos mundos da luz que ilumina uma porção do mundo inferior. A parcela se converteu agora no todo; o raio se retirou para a sua origem, a luz. O trabalho externo do peregrino consiste em polir a matéria que usou desde que se manifestou como parte separada; em dar-lhe uma translucidez perfeita.

Este é o significado da morte e do nascimento espirituais. Não é uma morte segundo o homem a considera, porque evidentemente a forma continua, vive e respira, porém, simbolicamente, ele morre, porque se retira da forma. Entre o que os homens chamam morte e a morte simbólica há uma diferença: na morte da carne, esta se desintegra, e na morte simbólica, conserva-se. Esta morte se refere antes ao poder da forma e ao seu domínio sobre a vida. Para isso ele verdadeiramente morre. Na morte efêmera, há um momento em que os homens podem dizer "vive", outro em que podem dizer "morre", e outro em que podem dizer "morreu"; porém, na morte de quem renasceu, a morte é contínua. Este é um mistério que só aquele que percorre a Senda pode resolver. Se quiserdes compreendê-lo, buscai o caminho.

CAPÍTULO XII

A SENDA

Razões se podem apresentar a quem pergunte: "Por que hei de eu trilhar a Senda das Aflições?". Não há mais que uma razão, porém mais que eficiente: por causa do amor. Porque é o amor que produz os primeiros murmúrios do descontentamento dentro do coração humano.

O valor de sua peregrinação, a estimativa de sua importância podem ser calculados em termos do seu poder de amar. Chega uma época, na longa série de suas numerosas existências, em que o amor demanda uma resposta e assume o controle, em que o homem se submete ao poder do amor. O amor inunda o seu ser, satura o seu coração, encontra uma entrada em todos os rincões e interstícios de sua alma. Nele se encarna então o eu do amor. Já não pode mais negar o amor. Assim, repleto de amor, contempla o mundo com olhos amorosos; não vê por outra medida a totalidade da vida manifestada. Pleno de amor, ele vê em todas as coisas uma expressão de amor. O amor é o seu cosmos, o amor é o seu Eu. Assim iluminado, assim impregnado, ele observa os sofrimentos e as tristezas do mundo, ouve os gritos de toda alma dolorida; as lágrimas de dor lhe caem no coração e o queimam como gotas de chama líquida.

As aves, as feras, os peixes do mar encontram guarida em seu coração; ele lhes sente a angústia ao morrerem assassinados pelos que desconhecem o amor. Vendo isso, sentindo-o no fundo de sua alma, ele se ergue para salvá-los e se descobre impotente, incapaz de conter a mão da crueldade, de curar a ferida aberta. Carece de conhecimento e poder para estancar a agonia dos animais e homens, que lhe dilacera o coração. Então, consciente de sua impotência, é tão grande a angústia de sua alma, que lhe faz nascer a resolução de conseguir conhecimento e poder.

É assim que ele encontra a Senda e põe nela os seus pés. Se alguma vez vacila, o amor o impele para diante; se em sua fraqueza volta as costas, o amor lhe barra o caminho; se se extravia pelas prazenteiras veredas da ilusão e autoindulgência, o amor o faz retroceder. Se com argumentos vazios e teorias estéreis os filósofos o convidam a deter-se, se pretendem tapar seus ouvidos ante os gritos de dor, o amor lhe faz soar a sua grande trombeta e afugenta as rígidas teorias e filosofias; arde em seu interior com tal veemência que ele não mais se pode aquietar. Se alguma vez em sua jornada ele se ilude com sonhos, o amor o segura; em cada marco da jornada o amor lhe sorri, inflamando-se mais forte em seu coração.

Nos primórdios da Senda, ele nota que bem próximos do amor andam o conhecimento e o poder. Estende a mão para ajudar, e vê cicatrizar-se a chaga. Repleto de nova alegria, a alegria do amor expresso, prossegue em sua jornada. Se lhe perguntasse alguém pela razão de sua dor, tal razão é revelada pelo amor. Assim cresce o conhecimento, o conhecimento da causa das aflições humanas. Então ele ouve o amor falar: "Antes de poderes curar as tristezas do mundo, dentro de ti devem aliar-se o conhecimento e o poder."

Assim o amor põe em suas mãos o estandarte que ele deve empunhar, e nele inscreve o Nome de Deus. Os homens o veem prosseguindo em sua jornada e contemplam o estandarte em sua mão, mas ao tentarem ler o Nome de Deus, só enxergam poder, conhecimento, amor. Não podem ler o Nome de Deus; só veem a armadura, a espada e o escudo que Deus empresta a Seu filho em retorno para casa.

Assim armado e equipado, ele transpõe a ponte; ouve as canções de boas-vindas dadas pelos anjos, encontra a fonte do conhecimento, poder e amor; sacia-se deles, e assim saciado, reconhece-se divino. Assemelhando-se a Deus em seu conhecimento, poder e amor, volta para curar e salvar o mundo que deixou atrás. Não há dor que não responda à magia de seu toque, nem sede que não se mitigue com o seu poder, nem mal que seu conhecimento não dissipe, nem forma de vida, por elevada ou ínfima que seja, em que ele não se possa ver a si mesmo. Ele cura pela identificação. Ele afugenta a dor porque ele é o eu da dor; pois a dor não é mais que o reverso escuro da alegria: sendo alegria, ele é também dor.

Deixando o mundo dos homens, ele se torna seu redentor. Este é o seu prêmio; esta é a meta para cuja busca encetou a Senda. No ato da redenção, ele conhece a maior de todas as alegrias: a alegria do amor totalmente expresso.

Vós que ledes, não sentistes as tristezas do mundo dentro de vossos corações? Feriram vosso coração os seus gritos de dor, ou será que dormis ainda? Podereis dormir por algum tempo; mas dia chegará em que o amor vos tomará pela mão e colocará vossos pés na Senda. É por causa disso que eu vim, falando em nome de vosso eu angélico, procurando mostrar-vos o Caminho, falar-vos de seu esplendor, das glórias ainda por se revelar. Vossa própria alma vos despertará para o conhecimento de vossa própria divindade; levantareis e fareis de vosso eu um templo, que será uma morada digna de vosso outro eu, o Eu que é divino. O altar daquele templo deve estar dentro de vosso coração; dentro desse altar há de vir morar o Cristo que reside em vós. Por esta razão, velai para que o templo de vosso corpo, o veículo de vossa vida, seja belo, e que através de sua beleza se revele o esplendor do Deus interno.

CAPÍTULO XIII

MÉTODOS DE INVOCAÇÃO

As cerimônias consistem numa invocação aos Anjos, todas as manhãs, e num serviço de ação de graças à noite. Para isso se fazem as seguintes sugestões: Deve-se preparar um santuário, dentro ou fora da casa, destinado exclusivamente a este fim. Tem de ser consagrado por um cerimonial apropriado, com o objetivo de invocar o poder dos anjos e estabelecer um centro e uma atmosfera que possibilitem o contato e a cooperação dos anjos. A cerimônia inicial poderá ser celebrada por um sacerdote da religião do país que simpatize com os ideais expressos, ou por um ocultista que possua o conhecimento e poder necessários.

Na parte oriental, deve haver um altar onde os crentes coloquem (a) flores aromáticas renovadas diariamente, (b) símbolos religiosos, (c) um retrato ou estátua do Fundador da religião, (d) água benta, (e) incenso, (f) velas. Pelo menos, onde não se possam obter todas estas coisas, deve haver flores e um simples objeto pleno de beleza.

As condições essenciais são: limpeza perfeita, atmosfera de rigorosa pureza, o desejo único de mútua cooperação entre anjos e homens para auxílio do mundo. Alegria, simplicidade e beleza devem caracterizar todas as cerimônias, preparações e disposições.

Todos os participantes das cerimônias devem estar vestidos de roupas simples e da cor correspondente ao grupo de anjos cuja ajuda invocam; as roupas interiores devem ser brancas. Um dos participantes deve oficiar e atuar como elo entre os dois grupos correspondentes de anjos e homens.

GRUPOS DE ANJOS	CORES A USAR
Anjos Guardiães do Lar	Rosa e verde suave
Anjos Curadores	Safira azul-escuro
Anjos de Maternidade e Nascimento	Azul-celeste
Anjos do Cerimonial	Branco
Anjos da Música	Branco
Anjos da Natureza	Verde-maçã
Anjos da Beleza e da Arte	Amarelo (a cor da sabedoria)

Podem-se dedicar orações com propósitos especiais. Se se invoca mais de um grupo de anjos, o oficiante de cada grupo deve estar vestido com uma cor apropriada e celebrar a cerimônia adequada.

Procedimento – Uma vez começados, os serviços devem ser mantidos com regularidade, e celebrados de preferência imediatamente depois das abluções matinais e vespertinas. É de se desejar a presença de crianças, que devem estar vestidas de branco. Todos devem entrar em procissão: as crianças em primeiro lugar e os oficiantes por último. As crianças devem sentar-se em semicírculo, de rosto voltado para o altar, próximos aos maiores, deixando uma passagem no centro para os oficiantes.

Quando estiverem presentes jovens, anciães, enfermos ou mulheres grávidas, devem ser colocados mais perto do altar, permanecendo os demais, exceto as crianças, de pé em filas retas atrás dos primeiros.

Cada oficiante, um para cada grupo de anjos, avançará cada um por sua vez até o altar e repetirá a invocação apropriada, durante a qual levantará o vaso de flores sobre sua cabeça, acompanhando-as com os olhos. O oficiante, ao tomar sua parte especial na cerimônia, deve aplicar todos os seus poderes de pensamento e vontade para chamar os anjos. (A medida da eficiência em toda cerimônia é proporcional à soma de conhecimentos, vontade e força mental empregada pelo oficiante). Todos os presentes se unirão a ele, ao máximo de sua capacidade, acompanhando atentamente o significado da oração.

O esforço empregado não deve produzir nenhuma tensão física desnecessária, porém não se há de permitir que a cerimônia degenere em mera repetição de fórmulas. Ao mesmo tempo, deve-se manter com firmeza um sentimento intenso de alegria e uma sensação de antecipado deleite, pela companhia dos anjos.

No serviço vespertino de ação de graças, depois da oração, deve o oficiante manter erguidas as flores, oferecendo sua beleza e sua doce fragrância aos anjos; emitindo através delas amor e gratidão profundos de seu coração às hostes angélicas. Que todos os presentes enviem do mesmo modo seu amor às flores através do oficiante; depois, sentados em silêncio, rendam graças e façam suas orações individuais; por fim, encaminhem-se diretamente para o leito.

Na impossibilidade de as crianças, os enfermos, os anciães e as mulheres grávidas estarem presentes, o grupo, ou parte do grupo, deve ir diretamente do altar ao cômodo deles com o outro vaso de flores que tenha permanecido no altar durante a cerimônia. Então, de frente para o paciente, deve repetir-se a cerimônia especial requerida, invocando os anjos guardiães para as crianças e anciães; os construtores para as mulheres grávidas, e os curadores para os enfermos. Quando se faz uma visita destas a um cômodo apenas, o vaso de flores deve ser deixado num altar pequeno que ali se encontre. Quando são várias as visitas necessárias, as flores deverão ser distribuídas entre os cômodos, e colocadas em vasos em seus respectivos altares. Quando não se puder obter um apropriado objeto cheio de beleza para estes altares, bastarão as flores.

Ainda sob o risco de isso parecer uma repetição, deve-se tornar claro que esta concepção deve ser mantida da forma a mais simples possível, inteiramente livre de sensacionalismo ou cerimônia exagerada; nem se deve fazer nenhuma tentativa para obter um contato pessoal e íntimo com os anjos individuais, ou empregá-los por motivo de lucro, interesse ou curiosidades pessoais. Tentativas destas conduziriam invariavelmente ao desastre, e devem ser rigorosamente evitadas. Deve ser tão natural trabalhar com os anjos como com os seres humanos ou com os animais domésticos; e as qualidades de simplicidade, pureza, retidão e impessoalidade têm de caracterizar todos os que desejem participar com êxito de tais esforços.

O conhecimento e a apreciação dos ensinamentos da Sabedoria Antiga tornarão impossíveis tais depressões ou propensões. As hostes angélicas se caracterizam pela Integral confiança no Poder e Justiça Divinas; e se os homens querem trabalhar com elas, também devem adquirir estas qualidades. Deve-se desenvolver a capacidade para julgar da importância de uma circunstância temporária, observando sua relação com o todo, com o esquema completo, até o ponto de se tornar impossível o entusiasmo desarrazoado, o abatimento ou o deixar-se dominar por qualquer evento particular ou série de acontecimentos. Deve-se buscar o poder de continuar trabalhando com toda fé, com toda certeza, a despeito do aparente fracasso num empreendimento particular, pois outro não é o modo de agir dos anjos. Os cristãos fariam bem em recordar e repetir com frequência a coleta do dia de São Miguel e de Todos os Anjos.

Permite-me delinear-vos o que ainda pode vir a acontecer, dar-vos uma visão do que há pela frente.

Figurai uma grande planície com um clima ameno, sob um céu diáfano, onde milhares e milhares de vossa gente se reúnem – e com ela, os enfermos, os anciães e as crianças – e formam, em grandes figuras na planície, estrelas, triângulos, pentágonos, invocando-nos, até que, descendo à vossa Terra, nós nos apresentamos visíveis, como se revestidos de carne: uma gloriosa descida entre vós. Não apenas nós, mas também conosco, membros de vossa raça, vindos das linhas d'Aqueles que nada mais têm a aprender na Terra. Ali nos misturamos à multidão, para curar, guiar e inspirar, e antes de partirmos com a promessa de próximo retorno, para com eles orar, elevando-os todos aos pés d'Aquele que é Pai de todos nós, nosso Logos e nosso Senhor. A qualquer país e a qualquer povo, assim, poderíamos nós vir.

CAPÍTULO XIV

INVOCAÇÕES E ORAÇÕES

INVOCAÇÕES MATINAIS

DEVAS DA CERIMÔNIA

Salve, irmãos das hostes dévicas!
Vinde em nosso auxílio;
Dai-nos vosso ígneo poder dévico
Como nós vos damos nosso amor humano.
Enchei todo lar com amor e vida!
Participai conosco dos trabalhos desta Terra,
Para que a vida-força interna se liberte.

MÚSICA

Salve, devas da Música! Vinde em nosso auxílio.
Cantai-nos vossas canções de alegria;
Enchei-nos de vossa divina harmonia.
Despertai-nos, para que possamos ouvir vossa voz;
Afinai nossos ouvidos para o vosso canto;
Animai nossa música terrena com vossa luz.
Participai conosco dos trabalhos da Terra,
Para que os homens ouçam as melodias que cantais
Além dos reinos do Espaço e do Tempo.

DEVAS GUARDIÃES DO LAR

Salve, Anjos Guardiães do Lar!
Vinde em nosso auxílio,
Participai conosco do nosso trabalho e descanso;
Sede conosco para que ouçamos vossos voos,
E sintamos vosso sopro em nossas faces.
Alegrai-vos e provai nosso amor humano;
Tomai nossas mãos nas vossas,
Soerguei-nos por um momento
do fardo desta carne.
Permiti-nos participar convosco
De vossa maravilhosa liberdade pelo espaço,
De vossa fulgurante vida ao ar ensolarado,
De vossa intensíssima alegria,
De vossa unidade com a Vida.
Ajudai-nos a trabalhar e a recrear para fazer aproximar a época em que toda a nossa raça vos conheça melhor e vos saúde como irmãos peregrinos na senda para Deus.
Salve, Anjos Guardiães do Lar!
Vinde em nosso auxílio,
Participai conosco de nossos trabalhos e recreio
Para que a Vida interna possa libertar-se.

ANJOS CONSTRUTORES

Salve, hostes dévicas construtoras!
Vinde em nosso auxílio;
Ajudai este novo nascimento no mundo dos homens.
Fortalecei a mãe em suas dores;
Enviai vossos graciosos anjos
Para que assistam ao berço do nascimento
E guiem no alvorecimento desta nova vida.
Dai ao bebê que chega,
A bênção do Senhor.
Salve, hostes dévicas construtoras!
Vinde em nosso auxílio;
Ajudai este novo nascimento no mundo dos homens, para que a divindade interna possa libertar-se.

ANJOS CURADORES

Salve, devas da Arte de Curar!
Vinde em nosso auxílio.
Derramai vossa vida curadora
Neste (lugar ou pessoa).
Que toda célula seja novamente
Carregada de força vital.
Dai paz a todo nervo.
Que se conforte o sentimento torturado.
Possa a crescente maré de vida

Estimular todos os membros,
Para que, por vosso poder curativo,
A alma e o corpo sejam recuperados.

Deixai aqui (ou ali) um anjo protetor.
Para confortar e cuidar,
Até que a saúde retorne ou a vida se desprenda,
Que ele afaste todo o mal e acelere o ritmo das energias...
Ou conduza à paz, se cessar a vida.

Salve, devas da Arte de Curar!
Vinde em nosso auxílio,
E participai conosco dos trabalhos da Terra,
Para que o Deus interno possa libertar-se.

ANJOS DA NATUREZA

Salve, devas da terra e do céu!
Vinde em nosso auxílio.
Dai fertilidade aos nossos campos;
Dai vida a todas as nossas sementes,
Para que esta nossa terra seja frutífera.

Salve, devas da terra e do céu!
Vinde em nosso auxílio;
Participai conosco dos trabalhos de nosso mundo,
Para que a divindade interna possa libertar-se.

ANJOS DA BELEZA E DA ARTE

Salve, anjos da Mão de Deus!
Vinde em nosso auxílio.
Imprimi em nossos mundos
De pensamento, sentimento e carne
Um senso de Beleza Divina.

Ajudai-nos a ver com a visão do Eu,
A reconhecer em todas as coisas criadas
A Beleza do Eu.
Que por meio da Beleza possamos encontrar,
Profundamente oculto pelos véus externos
De cor, linha e forma,
O Verdadeiro Eu.
Assim, tendo-nos ajudado,
Inspira-nos com o poder
Para expressarmos em nossas vidas
Tudo o que vimos:
O Bem, o Verdadeiro e o Belo.

Permiti que vejamos e conheçamos
A vós, os Anjos de Sua Mão;
Para que, vendo-vos, aprendamos a participar
De vossa tarefa de semear beleza no mundo.

Salve, Anjos da Mão de Deus!
Vinde em nosso auxílio.
Participai conosco dos trabalhos desta Terra,
Para que a beleza interna possa revelar-se.

HINOS VESPERTINOS DE ORAÇÃO E AÇÃO DE GRAÇAS

Que as bênçãos emanantes do alto
Exteriorizem-se embelezando o amor humano.
Enviamos nossa gratidão,
A vós, nossos anjos protetores deste dia.
Aceitai nosso amor e gratas orações
E ajudai-nos assim a viver e trabalhar,
Para que sempre, dia a dia,
Vossas hostes nos achem
Cada vez mais irmanados convosco.

Imploramos esta noite vossa proteção a todos,
Estai com as crianças, os anciães e os enfermos,
Envolvei seus leitos com as asas da vida e paz; Acarinhai-os,
Vo-lo rogamos, até o amanhecer.

E quando o sol volver uma vez mais,
Para nos dar vida, calor e luz,
Recomecemos de novo nossa obra
Com saudações e louvores
Àquele que é o Pai de todos nós;
Para que, ombro a ombro e de mãos dadas, possam seus filhos humanos e angélicos,
Trabalhar em Seu Nome
Para criarem o glorioso dia em que, em nosso mundo e no deles,
Reine tão só a Sua Vontade.
Amém.

A noite se apresenta em seu encerramento de nosso dia terreno,
E agora nos reunimos aqui, nosso hóspede angélico,
Para ofertar-vos nosso amor e gratidão,
Para agradecer-vos por vossos serviços.

Que Aqueles que trabalham sempre noite e dia,
Vertam sobre vós múltiplas bênçãos,
Enviem a vós Seu amor e graça super-humanos;
Que Sua compaixão e Sua vida vos preencham,
Até que transbordantes correntes de amor caiam
De vós sobre nós e refluam de nós para vós,
Enlaçando nossos corações pelos vínculos da fraternidade,
Unindo-nos pelos elos do amor divino.
Nós rogamos que respondais sempre ao nosso apelo,
Pois queremos abrir sempre nossos corações a vós.
Aproximai-vos mais, bendito mensageiro de Deus,
Queremos ouvi-Lo no ruflar de vossas asas.

Em silêncio, coração e mente serenos,
Nós vos saudamos, ao encerrar-se este dia;
Que Ele vos envolva em Seus perpétuos braços
Até que Seu esplendor e Sua alegria transluzam em em vós.

Ficai com as crianças esta noite, bendito ser;
Ficai com os anciães e os enfermos;
Junto de cada leito permaneça um anjo protetor
Para que todos durmam em paz e despertem cedo,
Sentindo sempre junto de si a vossa presença guardiã.
Amém.

POSFÁCIO ELUCIDATIVO DA TRADUTORA

Ao encerrar esta tradução, parece-nos calhar aqui uma ligeira elucidação de certas matérias expostas nas páginas precedentes, que podem prestar-se à confusão, ou mesmo deturpação, por leigos no assunto.

O Ocultismo é Ciência positiva, transcendente, rigorosa em suas pesquisas e retilínea na aplicação de seus conhecimentos e das faculdades ditas anormais ou supranormais na natureza humana, mas tão naturais como os seus órgãos físicos sensórios. Essas faculdades se acham em estado latente em todo indivíduo, à espera de uma futura ativação e aperfeiçoamento, porém algumas pessoas, de ambos os sexos, por sua evolução e treinamento específico já as têm desenvolvidas e atuantes. Entre essas pessoas se acha o autor desta obra, o Sr. Geoffrey Hodson, de vasta e profunda cultura e ilibado caráter, que desde a sua mocidade vem se dedicando de corpo e alma ao estudo e cultivo das ciências metafísicas, conforme o atestam numerosas outras obras suas. Assim, o que ele descreve e oferece ao grande público, geralmente severo e nem sempre justo em sua crítica, não é pura ficção, fruto da fantasia ou da vaidade.

A pesquisa em Ocultismo está ao alcance de toda pessoa séria e altruísta. O ocultista autêntico busca investigar e praticar segundo a senda reta, que cedo ou tarde o conduzirá ao encontro de um Mestre ou Instrutor, tão sábio quão desconhecido à grande massa popular, sem cuja ajuda é quase impossível o êxito neste campo.

O Ocultismo verdadeiro esteve durante muitos milênios fechado sob sete chaves para o mundo em geral, porém, do último quarto do século passado para cá, seu portal tem sido progressivamente aberto aos que por pensamentos e atos se revelem leais e desinteressados servidores da humanidade. Tem havido assim uma lenta mas firme democratização dos conhecimentos ocultos, e para galgá-los são muitos os caminhos abertos atualmente a todos os homens e mulheres, pertencentes ou não a determinada religião. Assim, toda e qualquer alma sincera e ardente pode investigar a Ciência oculta pelo caminho que escolher, porém dentro da ética e honestidade mais inflexíveis. Acima de tudo, que o motivo seja servir desinteressadamente e jamais os seus interesses pessoais e egoístas. A não ser amparado por estes requisitos essenciais, é muito mais preferível e seguro para si não empreender tais estudos, pois, como acentuou um dos Mestres dessa Ciência: "Entre o bem e o mal o Ocultismo não admite compromissos; é preciso praticar o bem, custe quanto custar."

Como já se disse antes, as mensagens aqui oferecidas foram recebidas por um dos ocultistas mais credenciados da atualidade, e que mereceu essa grande honra não só por ser um ocultista e cientista dos mais cultos, mas também, e quiçá principalmente, por ter sua inteligência e coração voltados e devotados à solução do problema do sofrimento humano. Por isso foi considerado um canal adequado à propiciação de um raríssimo mas não de todo estranho conhecimento ao grupo humano sedento por uma luz maior que o ajude a solucionar os seus mais prementes problemas internos, insolúveis pelos cânones científicos, filosóficos e religiosos comuns.

Embora existam, talvez, muitos místicos acessíveis a recebê-las, com certeza a sua ignorância de conhecimentos ocultos os impedirá de veicular essas mensagens com a imparcialidade e pureza que elas requerem. Tomá-las-iam, possivelmente, como uma simples visão ou graça pessoal por sua devocionalidade particular, e perderiam de vista o seu escopo principal, que é o de dar ao ser humano um novo e mais promissor conceito da vida, neste e nos demais mundos, e encurtar a distância que há milênios vem separando a Terra do Céu, o ser humano do ser angélico, as criaturas em geral do seu Criador.

Ocultista que é, o autor destas páginas conhece toda a linha da evolução angélica, as suas múltiplas atividades e os seus liames com o reino humano. E conhece-as não como um simples crente, mas como um cientista na verdadeira acepção da palavra: investigador, analítico, imparcial e impessoal, e além disso, de absoluta integridade moral.

Como dissemos no Prólogo, a separação entre anjos e homens data de muito séculos na vida das raças atuais, porém, presentemente, suas relações tendem para uma união e cooperação no futuro, como o foram em eras remotas. Consequentemente, torna-se cada vez mais necessário facilitar esse feliz intercâmbio por meio de processos mais devocionais e altruístas, que muito beneficiarão as novas gerações, criadas num mundo intensamente material. Os anjos servem-se especialmente dos rituais religiosos para a sua manifestação, e como em todo ritual há algo de magia, é bom que se esclareça o que ele é, e como pode e deve ser empregado.

Há o ritual natural e o artificial. É natural o ritual manifestado em nossos gestos, palavras, modos de ver e agir, e em toda a natureza. Os pássaros em seus voos descrevem um verdadeiro ritual; as abelhas descrevem-no perfeito ao transportar o mel das flores. As formigas são impecáveis no ritual descrito em suas viagens, em busca de alimento. Toda a natureza vibra ritualisticamente, e os homens, quanto mais naturais forem, melhor realizarão um ritual que atraia os anjos, e os ponha em contato mútuo. No entanto, como os homens se afastaram demais do ritual natural com suas danças bárbaras, palavras ásperas e músicas sem melodia, os anjos se utilizam principalmente dos rituais religiosos, e por meio deles enviam suas forças. A estes rituais poderíamos chamar artificiais, porque foram criados pelos homens com o objetivo de se ligarem a Deus ou a suas Divindades.

O ritual é de grande valor na época presente. É por meio dele que os anjos se comunicam e também é por meio dele que os homens se aproximam mais do seu verdadeiro Eu. Na vida cotidiana, o ser humano movimenta apenas as forças da matéria física, mas durante o ritual ele liberta sua consciência dos liames do mundo físico, por meio da representação ritualista, que ensinam ou inspiram eternas verdades espirituais em alegorias e símbolos. Porém, sendo uma forma de magia, tem por objetivo fazer um apelo às forças ocultas e ajudar o homem a alcançar o domínio sobre a natureza.

Magia não é Ocultismo; é meio e jamais fim. O mago ou o ritualista joga com forças que muitas vezes são para ele completamente desconhecidas; e por esta razão, a magia atua como uma espada de dois gumes. Tanto pode trazer benefício como malefício àquele que a pratica. Por meio de certos atos e palavras, a magia produz determinados efeitos, e estes efeitos tanto podem atrair forças superiores e benéficas, como inferiores e maléficas.

O ritual deve ser praticado com o objetivo de trazer benefícios para a humanidade conturbada por influências de toda a espécie. Presentemente a consciência astral dos encarnados se intensifica em demasia com o plano astral, onde residem indivíduos e seres de todas as categorias, e é bom a gente se resguardar dos rituais quando não são praticados por pessoas idôneas e puras.

Todas as religiões têm seu ritual, o qual só pode ser praticado por um sacerdote devidamente ordenado e consagrado. A religião sabe do poder e da força transmitida por seu ritual, e por isso exige a prévia consagração do sacerdote. Assim, também, na execução de qualquer ritual, como o dos anjos, os que nele tomam parte devem estar consagrados pelas qualidades de simplicidade, pureza, retidão e impessoalidade, requeridas pelos anjos. Sem estes requisitos, e sem essa prévia preparação, é possível que os agentes da invocação atraiam sobre si elementos inocentes e inofensivos, porém inúteis, ou forças perturbadoras, atraídas por pensamentos impuros dos participantes da concentração.

As invocações aos anjos serão de imenso valor quando realizadas num ambiente de grande pureza e elevação mental. Mais importante ainda é o objetivo espiritual dos que nelas tomam parte; a não ser assim, melhor será que os homens busquem a Verdade de maneira menos emocional e em harmonia com as leis naturais da vida. Para que um centro formado por alguns com objetivos superiores não se transforme num antro de entidades inferiores, que nele constroem seu ninho levando os bem-intencionados a se prejudicarem prejudicando os outros, é imprescindível muita pureza e elevação, pois os anjos, na sua enorme sensibilidade, se afastam imediatamente quando a reunião ou o ritual não estiver coroado de: simplicidade, pureza, retidão e impessoalidade.

Existem ainda outros perigos para o ritualista. Assim como ele pode ser beneficiado pela intensa devoção e unir-se ao seu Eu espiritual, ou mesmo atingir grandes alturas espirituais, também está livre de cair vítima de uma possível passividade mental, embaído pela ilusão de que se acha liberto, quando ainda está preso à matéria e a suas leis.

O fanatismo é o defeito comum nos tipos devocionais. Crentes que estão libertos das responsabilidades materiais, e envoltos no nevoeiro da ilusão, tornam-se pesos mortos para a sociedade e levantam barreiras à sua própria evolução. Recomendamos, portanto, aos que são de natureza ritualística, a executarem seus rituais em meios puros e a nunca se deixarem desviar pelos perigos da ilusão de já terem atingido a verdadeira vida real e eterna.

No entanto, existem muitas almas sinceras, dotadas das qualidades necessárias e ansiosas por uma oportunidade de servir as comunidades humana e angélica, e assim contribuir para melhorar e suavizar as condições aflitivas que no momento envolvem o mundo. São almas heroicas que, inconformadas com a situação de penúria espiritual em meio de tanta cultura intelectual e fartura material em que vive a humanidade, de coração aspiram a edificar um mundo melhor sobre as ruínas que aí estão. Essas almas privilegiadas poderão encontrar muita inspiração e luz nesta pequena obra, que é especialmente dirigida a elas e aos corações voltados para os imperecíveis valores do Espírito, donde provém toda vida.

Informações sobre Teosofia e o Caminho Espiritual podem ser obtidas na Sociedade Teosófica no Brasil, no seguinte endereço:
SGAS-Quadra 603, Conj. E, s/nº - CEP 70200630.
Telefone: (61) 3226-0662.
Também podem ser feitos contatos ou pelo email:
secretaria@sociedadeteosofica.org.br
ou no site: www.sociedadeteosofica.org.br
ST TV: www.sttv.org.br

gráfika®
papel&cores
Fone:61 3344.3101